Hartmut von Hentig
Bildung

Hartmut von Hentig

Bildung

Ein Essay

Wissenschaftliche Buchgesellschaft
Darmstadt

Lizenzausgabe 1997
für die Wissenschaftliche Buchgesellschaft

Bestellnummer 80211-X

Alle Rechte vorbehalten
© 1996 Carl Hanser Verlag München Wien
Gedruckt auf säurefreiem und alterungsbeständigem Werkdruckpapier
Printed in Germany

Dem Andenken an meine Mitarbeiterin
Gisela Grunwald, die nicht aufhörte,
sich durch Wißbegier, Umsicht und
Mitgefühl zu bilden.

Inhalt

I
Geläufige Fragen
13

II
Notwendige Klärungen
37

III
Mögliche Maßstäbe
71

IV
Geeignete Anlässe
101

V
Wünschenswerte Folgen
139

VI
Schluß
203

Nicht ungerne hätte ich diesem Buch den Titel *Über die Bildung. Eine Rede an die Gebildeten unter ihren Verächtern* gegeben und so begonnen:

»Es mag ein unerwartetes Unternehmen sein, und Sie mögen sich billig darüber wundern, daß jemand, gerade von denen, welche sich über das Gemeine erhoben haben und von der Weisheit des Jahrhunderts durchdrungen sind, Gehör verlangen kann für einen von ihnen so ganz und gar vernachlässigten Gegenstand. Ich bekenne, daß ich nichts anzugeben weiß, was mir einen glücklichen Ausgang weissagte, nicht einmal den, meinen Bemühungen Ihren Beifall zu gewinnen, viel weniger jenen, Ihnen meinen Sinn, meine Begeisterung (und meinen Unmut) mitzuteilen ... Sie (meine Hörer) sind darüber einig, ich weiß es, daß nichts Neues und nichts Triftiges mehr gesagt werden kann über diese Sache, die von Philosophen und Propheten, und dürfte ich nur hinzusetzen: von Spöttern und Priestern, nach allen Seiten zur Genüge bearbeitet ist. Am wenigsten – das kann niemandem entgehen – sind Sie geneigt, von (den Leuten der Zunft) darüber etwas zu hören, welche sich Ihres Vertrauens schon längst unwürdig gemacht haben.«

Die Gebildeten unter meinen Lesern hätten an dem einprägsamen Untertitel erkannt, daß ich damit Friedrich Schleiermachers Reden *Über die Religion* aus dem Jahre 1799 nachbilde, und einige unter ihnen werden auch alsbald geraten haben, daß ich mich Schleiermachers Einleitung – erstaunlich passend für meinen Gegenstand und meine Lage – bediene. Die Kühnheit hätten sie mir vermutlich verziehen, ja, es hätte sie ein fürsorgliches Mitleid erfaßt, weil sie ja auch wissen, welch ungeheurem Anspruch ich mich damit aussetzte. Der evidente Abstand verbot jeden Vergleich; so grundlegend und weit wie Schleiermachers Unternehmung konnte die meine schon aufgrund ihres geringeren Umfangs nicht sein; vom Rangunterschied der Gedanken war ganz zu schweigen.

Ich habe bewußt einen anderen Titel gewählt: Mein Gegenstand – Bildung – soll dem Leser zunächst »nackt und bloß« erscheinen, unverhüllt durch den Kult ihrer Priester und den Hohn ihrer Verächter, ein Findling, der Neugier und Nachdenklichkeit weckt, ein Begriff, den man erst bilden muß, nicht heraushauen aus dem Gestrüpp von Dogmatik und Polemik. Im Lauf der Abhandlung soll er dann Kleider bekommen – passende, schützende, zweckmäßige und am Ende vielleicht sogar schmückende.

Dies vollziehe ich – in sich allmählich enthüllender Absicht und keineswegs umfassend – in fünf Abschnitten.

Im ersten Abschnitt stelle ich die *Geläufigen Fragen* (I) – nach den Bildungsgegenständen und -gütern, den Bildungsmustern (oder -vorstellungen) und -verfahren, dem leitenden Menschenbild und dem Bildungsideal – Fragen, die wir zu fragen »pflegen« im doppelten Sinn des Wortes, die aber aus dem Dilemma nicht herausführen, daß der Gebildete mit Hilfe seiner Bildung definiert, was Bildung ist. Das legt eine Bemühung nahe, die ich *Notwendige Klärungen* nenne (II), den Versuch, Bildung in einfache Elemente auseinanderzulegen, – nicht ungebildet oder »naiv« (das ist nicht möglich), vielmehr im vollen Bewußtsein des genannten Dilemmas. Dem folgen im dritten Abschnitt *Mögliche Maßstäbe* (III), an denen sich Bildung beweisen und bewähren muß – eine notwendige Ergänzung zu besonderen und allgemeinen Lernzielen,

Pensen, Richtlinien, didaktischen Verfahren und Erziehungsstilen. Im nächsten Abschnitt führe ich eine Reihe von *Geeigneten Anlässen* (IV), Quellen und Mitteln einer Bildung auf, die den genannten Maßstäben genügt. Der letzte Abschnitt befaßt sich mit den *Wünschenswerten Folgerungen* (V) für die gegenwärtige Schulpraxis, vornehmlich die Unterrichtsfächer. Das Schlußwort (VI) könnte auch am Anfang stehen.

Meine Argumentation läßt sich in vierzehn Sätzen zusammenfassen, die ich der Übersicht halber vorausschicke und an deren jeweiligem Ende angegeben ist, in welchem Abschnitt sie ausgeführt werden. Die Sätze werden an ihrer Stelle jeweils wiederholt.

1. Die Antwort auf unsere behauptete oder tatsächliche Orientierungslosigkeit ist Bildung – nicht Wissenschaft, nicht Information, nicht die Kommunikationsgesellschaft, nicht moralische Aufrüstung, nicht der Ordnungsstaat. (I)
2. Für die Bestimmung der Bildung, die dies leistet, sind die Kanonisierung von Bildungsgütern, die Entscheidung für ein bestimmtes Menschenbild, die Analyse der gegenwärtigen und zukünftigen Lebensverhältnisse (zur Ermittlung der geforderten »Qualifikationen«) gleichermaßen untauglich. (I)
3. Der Mensch bildet sich. (II)
4. Das Leben bildet. (II)
5. Die Schule hat aus Bildung Schulbildung gemacht. (II)
6. In der wissenschaftlichen Zivilisation sind daraus das Mittel und das Kriterium der akademischen Berufslaufbahn geworden. (II)
7. Die »Rückkehr« zur Bildung ist pädagogisch geboten – ein Fortschritt. (II)

8. Alle Menschen sind der Bildung bedürftig und fähig. (II)

9. Für die allen Menschen geschuldete Bildung gibt es gemeinsame Maßstäbe und geeignete Anlässe. (III und IV)

10. Das muß Folgen für die Gliederung unseres Bildungswesens haben. (V)

11. Bei geeigneter Stufung des institutionalisierten Lernens können beide Elemente der Bildung – das platonische und das pragmatische – zu ihrem Recht kommen. (V)

12. Die Oberstufe ist die Stufe der Wissenschaftspropädeutik, der Berufswahl und der Überleitung in die Berufsausbildung. (V)

13. Die Fächer der herkömmlichen Schule sind brauchbare Anlässe für die gedachte Bildung. (V)

14. Alle Bildung ist politische Bildung: eine kontinuierliche, zugleich gestufte Einführung in die *polis*. (VI)

Man wird sagen, dies hätte ich freundlicherweise als Traktat über die »allgemeine Bildung« ankündigen sollen. Indem ich das tautologische Attribut »allgemeine« konsequent weglasse (außer im Zitat), fordere ich den Leser auf, Bildung in einem prägnanten Sinn zu denken und, wenn ihm das nicht gleich gelingt, jedenfalls der geläufigen und gedankenlosen Gleichung »Bildung = das Ergebnis der Pflichtschule« aus dem Weg zu gehen.

I

Geläufige Fragen

1

Die Antwort auf unsere behauptete oder tatsächliche
Orientierungslosigkeit ist Bildung – nicht Wissenschaft,
nicht Information, nicht die Kommunikationsgesellschaft,
nicht moralische Aufrüstung, nicht der Ordnungsstaat.

2

Für die Bestimmung der Bildung, die dies leistet, sind die
Kanonisierung von Bildungsgütern, die Entscheidung
für ein bestimmtes Menschenbild, die Analyse der
gegenwärtigen und zukünftigen Lebensverhältnisse
(zur Ermittlung der geforderten »Qualifikationen«)
gleichermaßen untauglich.

Eine ausdrücklich nicht tagespolitische, nicht unter Fachleuten verhandelte, nicht voreingenommene Frage – eine
Frage, in der gleichermaßen wissenschaftliche Neugier,
bürgerliche Besorgnis, eine philosophische Haltung zum
Ausdruck kommen könnte – lautet:

»Was bildet den Menschen?«

Stellte mir jemand diese Frage, ich antwortete, ohne zu
zögern und mit dem – seltenen – Gefühl, etwas unanfecht-
bar Richtiges zu sagen: »Alles!« – Alles, selbst wenn es
langweilt oder gleichgültig läßt oder abschreckt. Dann ist
dies die bildende Wirkung. »Alles«, weil der Mensch ein –
wundersam und abscheulich – plastisches Wesen ist: ver-
änderbar, beeinflußbar, reduzierbar, steigerungsfähig auch
gegen seinen Willen, gegen seine Einsicht, gegen seine Natur. Er läßt sich durch geeignete Maßnahmen dazu brin-

gen, Gewichte von zwei Zentnern zu stemmen, mit Hurra in den Tod zu stürmen, sich – auch angesichts einer überwältigenden Lebensmittelfülle – von Körnern oder Salatblättern zu ernähren, sich – unter Qualen – Sonnenbräune zuzulegen wie auch – mit komplizierten Vorsichtsmaßnahmen oder unter Entbehrungen – diese zu vermeiden. Eine einzige Geste eines anderen, in seinem Gemüt gespeichert, kann ihn ein Leben lang mit Eifersucht oder Haß oder Hypochondrie erfüllen, ein einziges Wort ihn mit Sehnsucht oder Heilsgewißheit oder Verblendung schlagen. Der Mensch hat aus diesem Grund als einziges Lebewesen Geschichte. Anders als die übrige Kreatur ist er fast unbegrenzt auf Formung angelegt. Ist diese gewollt, nennt man sie Bildung.

Ich antworte auf die gleiche Frage ebenfalls ohne Zögern, ja, mit Erleichterung auch: »Tatsächlich bildet, d. i. veredelt ihn jedoch nur weniges, fast nichts«. Der Mensch bleibt mit geradezu blöder Beharrlichkeit der, der er immer schon war: unbelehrbar, an seine Gewohnheiten gekettet, auf die Bahnen festgelegt, auf die ihn die Evolution und die eigene Geschichte gesetzt haben. Nicht nur körperliche Bedürfnisse – nach Nahrung, Sexus, Schlaf, Bewegung, angemessener Wärme –, sondern auch geistige und seelische Bedürfnisse – nach Geselligkeit, Sicherheit, Neuigkeit, Geltung – lassen ihn im Jahre 1996 alles wieder tun, was er nach berichtetem oder erlebtem Weltkrieg, nach Aufklärung über Umweltschäden, Ansteckungsgefahr, Staatskrise, die Folgen von sozialen Vorurteilen, nach der Lektüre von Homer und Thukydides, von Skakespeare und Schiller, von Flaubert und Dostojewski eigentlich nicht mehr tun wollte.

Hier kann man nun trefflich streiten, aber man muß es nicht, weil schon nach diesem mühelos inszenierten Wi-

derspruch klar ist, daß der Frager *das* als Antwort auf
»was . . .?« gar nicht wissen will, daß er vielmehr nach der
von mir eingeschmuggelten »Veredelung« gefragt hat, also
nicht nach der Bildsamkeit des Menschen, sondern nach
dem Ziel und Zweck der uns bekömmlichen Bildung –
nach dem, was aus Einflüssen Bildung macht. Die Frage
lautet nun – wir hören sie täglich – mit einem leisen Ton
der Ungeduld:

»Welche Bildung brauchen und wollen wir eigentlich?«

Das beschäftigt vor allem die berufsmäßigen Pädagogen
periodisch und mit Recht, und mancher von ihnen, der
dieses Büchlein zur Hand nimmt, wird gerade in heutiger
Zeit wissen wollen

– wie man Bildung für welchen Zweck bestimme,
– wovon sie tunlichst zu unterscheiden sei,
– was der »Bildungsanstalt« Schule zufalle und vor allem
– was insofern vielleicht nicht deren Sache sei, zum Beispiel erziehen oder auf Beruf, Studium, Laufbahn vorbereiten oder für den Alltag in unserer schwierigen Zivilisation »fit« machen.

Je verwickelter und konturloser ein Sachverhalt, um so
größer die Lust am Definieren! Die hier fälligen Unter-
scheidungen, Verknüpfungen und Bestimmungen ergeben
eine Bildungstheorie. Daß diese für die Lehrerbildung, die
Aufstellung von Richtlinien, die Einrichtung der verschiedenen Schularten und ihrer »Abschlüsse« wichtig ist, wird
niemand bezweifeln. Aber daß man auch als Laie einer
solchen bedarf oder sie unbewußt hat, wenn man zweifelt,
ob unsere Schulen das Richtige tun; wenn man sie dafür
kritisiert, daß sie die falschen Dinge oder in den falschen
Formen lehren; ja, schon wenn man fordert, es müsse für
das Bildungswesen mehr Geld ausgegeben werden – denn
das setzt je voraus, daß man weiß, was Bildung ist, und

was die Aufgabe der Schule. Die nur gebildete, die nicht professionelle Öffentlichkeit, die sich hierzu äußert und hierüber streitet, tut dies, weil sie in fundamentalen Fragen nicht nur keine Einigkeit, sondern keine Klarheit hat, ja, sich dieser Unklarheit nicht bewußt ist. Was an den Schulen richtig oder falsch gemacht wird, bemißt sich an deren Zweck. Aber was ist dieser Zweck? Die Kinder und jungen Menschen

– auf die Welt vorbereiten? auf welche Welt?

– auf die Welt, wie sie ist, wie sie sein wird, wie sie sein kann, wie sie sein soll oder werden soll?

– nur »vorbereiten« oder auch jetzt schon auf das Leben einlassen?

– als Personen tüchtig machen für das Leben?

– als Bürger tüchtig machen für die *polis*, das Gemeinwesen?

– die nächste Generation tüchtig machen für den Wettlauf der Nationen im Zeitalter der Elektronik mit Datenautobahnen und Telematik, der Ökokatastrophen, der strukturellen Arbeitslosigkeit, der zweiten Völkerwanderung ...?

Nicht zu reden von Zwecken wie: die Kinder und jungen Menschen aufbewahren, vor der bösen Welt abschirmen, sortieren, auslesen, auf die gesellschaftlichen Laufbahnen setzen.

Außerdem ist es nicht nur reizvoll – vor allem für den im alten Sinn Gebildeten –, sondern auch unmittelbar nützlich – vor allem für die Schulfrau und den Schulmann –, die eigene Ansicht und Praxis an den bildungstheoretischen Grundpositionen zu prüfen, also konkret zu fragen:

»Welche Bildungsvorstellung habe *ich*?«

Dabei macht man sich gleichzeitig die Pluralität der möglichen und berechtigten Antworten bewußt:

– Habe ich eine »materiale« Bildungsvorstellung, meine ich also, daß über dieses oder jenes bestimmte Wissen zu verfügen wichtig, ja notwendig sei, daß es »Bildungsgüter« gibt, die den Menschen von sich aus bereichern und ertüchtigen (Latein, Mathematik, Geschichte, Religion »bilden« allemal – Holländisch, Statistik, Kochen, Technik sind in erster Linie »brauchbar«: *marketable skills*)? Oder

– habe ich eine »formale« Bildungsvorstellung, meine ich also, es gehe um die allgemeinen und übertragbaren Fähigkeiten, die Schüler *an* den Gegenständen ausbilden, um das »Lernen des Lernens« in Schleiermachers Formulierung und, mit Georg Kerschensteiner, Bildung sei das, was zurückbleibe, nachdem man das Gelernte wieder vergessen habe? Oder

– kommt es mir auf Bildung als Entfaltung der Anlagen und Kräfte des einzelnen an, seiner äußersten individuellen Möglichkeiten, weil mit ihnen dem Ganzen am besten gedient sei, in der Formulierung von John Dewey: es gehe darum, allen die gleiche Chance zu geben, »eine Person zu werden« (*Early Writings*, Bd. 1, S. 246)? Oder

– will ich mit Hilfe von Bildung erreichen, daß der junge Mensch mündig und bewußt in das Leben seiner Zeit eintritt, in der Formulierung des Deutschen Ausschusses für das Erziehungs- und Bildungswesen: gebildet sei, wer »in der ständigen Bemühung lebt, sich selber, die Gesellschaft und die Welt zu verstehen und diesem Verstehen gemäß zu handeln« (*Empfehlungen und Gutachten*, Gesamtausgabe, 1966, S. 870)? Oder

– habe ich das Fortschreiten der »Menschheit zur Humanität« im Sinn, wie es Johann Gottfried Herder formulierte, der Subjektivität des einzelnen zur Objektivität des absoluten Geistes, wie Georg Wilhelm Friedrich Hegel es formulierte und wie es die Marxisten zu leisten beansprochten? Oder

– geht es in meiner Pädagogik vor allem um die Ausstattung der Menschen zu Bürgern, um ihre Stärkung gegen die vereinnahmenden Verhältnisse, kurz um Emanzipation, in Heinz-Joachim Heydorns schneidiger Formulierung: um die »Liquidation von Macht«, denn »Bildungsfragen sind Machtfragen« (*Über den Widerspruch von Bildung und Herrschaft*, 1979, S. 337)? Oder

– ist für mich Bildung nur die Fortsetzung der Erziehung auf einer höheren Stufe, die Jean-Jacques Rousseau so bestimmt: Nachdem sein Zögling Körper und Sinne geübt und durch Erfahrung »an den Sachen« seine Urteilskraft, durch handwerkliche, physische Arbeit seine Geschicklichkeit ausgebildet hat, also für sich denken und handeln kann, »bleibt nur – um den Menschen zu vollenden –, ihn zu einem liebenden und empfindsamen Wesen zu machen«; hatte er bisher Wahrnehmung, bekommt er nun Vorstellungen und Begriffe – durch Vergleich seines Lebens mit dem anderer? (*Émile*, Schöninghsche Ausgabe, Paderborn 1971, S. 220; Ausgabe der Librairie de Firmin-Didot, Paris 1889, S. 229 f.)

Je nachdem, welcher dieser Theorien ich folge, bin ich an der heutigen Bildungsanstalt Schule entweder am rechten, freilich verbesserungsbedürftigen Ort, oder ich reibe mich täglich und vergeblich auf, oder ich fühle mich zur Rebellion aufgerufen, oder die Schule erscheint ohnehin für die so groß konzipierte Aufgabe untauglich. Diese Prüfung ist also notwendig – für Lehrer, damit sie nicht unglücklich werden, für Eltern, damit sie nichts Unbilliges erwarten, für (Bildungs-)Politiker, damit sie Stimmiges beschließen.

Auch der Schreiber und die Leser dieses Textes müssen

sich auf ein gemeinsames Verständnis der Wörter »bilden« und »Bildung« einigen – wenigstens für die Dauer der Untersuchung. Eine solche Einigung aber würde beider Energie und Aufmerksamkeit völlig aufbrauchen. Ich müßte meine Leserinnen und Leser ja mit guten Gründen davon überzeugen, daß es uns weiterhilft, das Wort so zu gebrauchen und nicht anders, wofür es ebenfalls gute Gründe gibt. Die Präliminarien würden mehr Zeit verbrauchen als die Sache selbst.

Hier spätestens werden einige fragen, ob man den Begriff Bildung überhaupt weiter verwenden könne, nachdem er in Ausdrücken wie Berufsbildung, Lehrerbildung, Bildungsnotstand und Bildungsboom, Bildungsverwaltung und Bildungsreform seine historische und jede andere spezifische Bedeutung verloren habe, also teils für Ausbildung, teils für deren Einrichtungen, teils für Berechtigungsstufen stehe, weshalb man pleonastisch von »allgemeiner Bildung« reden müsse, wenn man auf das Gemeinte kommen wolle. Das regt an zur Frage:

»Was sagt das Wort ›Bildung‹ eigentlich? Welche Alternativen gibt es dazu?«

An eine Grundbedeutung des Wortes anzuknüpfen, was manchmal eine klärende Hilfe bietet, wirft uns im Fall des Verbums »bilden« auf die Sandbank meiner ersten Antwort: »Alles« – wenn denn »bilden« formen, einen Eindruck in der plastischen Masse hinterlassen heißt. Die in anderen Sprachen an dieser Stelle verwendeten Wörter führen oft zu gänzlich anderen historischen Ausgangssituationen: *paideia* und *schole, institutio* und *eruditio, education* und *enseignement*. Da müßte man ganze Vorstellungswelten auswechseln. Das Nomen »Bildung« meint noch bei Goethe »die Gestalt« (»So bewegte vor Hermann die liebliche Bildung des Mädchens / Sanft sich vorbei...«) und

21

hat zudem – wie die meisten Wörter auf -ung – gleich zwei Bedeutungen. Es meint den Prozeß und das Ergebnis. Und schon streiten sich die Pädagogen, ob der richtige, weil natürliche Prozeß das mögliche Ergebnis zu bestimmen habe, oder umgekehrt, das gewollte Ergebnis den zu veranstaltenden Prozeß. Rousseau gegen Platon – zwei radikale Denker; in der Mitte die schmuddelige Praxis; die Bielefelder Laborschule zwischen A. S. Neills Summerhill und altem deutschem Gymnasium – überzeugend durch Anschauung: man sieht, was die Kinder wozu anregt, anleitet, antreibt; aber ob es als ihre »Bildung« überdauert, kann man nicht sehen, sondern muß es wissenschaftlich erforschen; und ob es gut ist, verlangt wieder die umständliche Begründung mit ungewissem Ausgang. – Ich beschließe: So also nicht!

Man *kann* anders verfahren, das sich unserer Verständigung in den Weg legende Problem, was »bilden« bedeute, dadurch zu lösen suchen, daß man einen gebildeten Menschen beschreibt, eine idealtypische Figur vorstellt. Aus dem Vergleich des Zustands des Gebildetseins mit dem (immer nur gedachten) der völligen Natürlichkeit, ließe sich auf das Maß und die Art des Wandlungsvorgangs schließen. Darum ist die Frage berechtigt und beliebt:

»Wer ist der gebildete Mensch?«

Robert Spaemann hat einmal ein eindrucksvolles Porträt eines Gebildeten gezeichnet.* Ich gebe – winzige – Proben daraus:

– »Ein gebildeter Mensch hat den animalischen Egozentrismus hinter sich gelassen.« Es interessiert ihn, »wie die Welt aus anderen Augen aussieht«.

---

* Robert Spaemann, *Wer ist ein gebildeter Mensch?* In: Scheidewege, Jahresschrift für skeptisches Denken, Heft 94/95, S. 34–37.

– Sein Selbstwertgefühl kann deutlich und stark sein, weil er es »nicht aus dem Vergleich mit anderen bezieht«.

– Er spricht eine »differenzierte, nuancenreiche« und persönliche Sprache. Er kann es sich leisten, »einfache Sachverhalte einfach auszudrücken«. »Er beherrscht oft eine Wissenschaftssprache, aber er wird nicht von ihr beherrscht.«

– Er ist in hohem Maß genußfähig.

– »Das Fremde ist ihm eine Bereicherung.«

– »Er scheut sich nicht zu bewerten.«

– Vor allem aber weiß er, »daß Bildung nicht das Wichtigste ist. Ein gebildeter Mensch kann sehr wohl zum Verräter werden. Die innere Distanz, die ihn auszeichnet, macht ihm den Verrat sogar leichter als anderen Menschen. Bildung schafft eine menschenwürdige Normalität.« (Was ich so verstehe: Bildung macht die Normalität menschenwürdig.) »Sie bereitet nicht den Ernstfall vor und entscheidet nicht über ihn.«

– Gebildetsein und Gutsein kommen nicht automatisch überein. »Gebildete Menschen haben aneinander Freude.«

Dieses Porträt gibt einiges für unsere Frage her: Die Merkmale, nicht nur die, die ich exemplarisch mitgeteilt habe, erwirbt man nicht von allein und von ungefähr, aber auch nicht durch systematische Belehrung oder Abrichtung. Sie gehen aus einer kultivierten Umwelt auf den Gebildeten über, aber wiederum nur, wenn und weil dieser so sein will. Er ist das Subjekt des Bildens, nie das Objekt; er bildet sich. Nichts kommt auf einmal, nichts unter Druck, nichts aus zwingendem Grund zustande.

Das Porträt gibt auch einiges über die Weltansicht des Autors preis: Er entmoralisiert nicht nur die Bildung, er setzt nicht nur deutliche und hohe Maßstäbe, die Gebildeten sind vor allem eine Art Aristokratie, die Bildung ist ein

Adelsstand. Wie man in ihn hineingelangt, woran einer sich bildet und welcher Umstände dies bedarf, wird nicht gesagt – und war auch nicht versprochen. Es wird ebenfalls nicht gesagt, ob und, wenn ja, warum irgendwer ungebildet bleiben muß, in welchem Zahlenverhältnis Gebildete und Ungebildete stehen, ob es Gebildete auch geben kann, wenn es keine Ungebildeten gibt.

Auch wenn man die Frage erweitert zu

»Welches Menschenbild liegt der von dir/von mir gewollten Menschenbildung zugrunde?«

kommt man nicht zu klaren Entscheidungen. Die Frage enthält ja zwei Fragstücke, von denen das eine (Menschenbild) ein hohes Maß an Aufmerksamkeit und Erwartung weckt (vor allem in den Neuen Ländern, weil man dort ein bestimmtes Menschenbild aufgegeben hat), mir aber untauglich erscheint, diese zu halten oder zu erfüllen: seine Erörterung beginnt und endet fast immer in Gemeinplätzen, also in Unverbindlichkeit; das andere (bilden/Bildung) steht gerupft, mißbraucht, banalisiert da, scheint mir aber die Anstrengung einer gründlichen Klärung und Wiederaneignung wert zu sein. Die Frage zwingt dazu, über ihr Verhältnis zu reden.

Das Einfordern eines »Menschenbildes« ist, mit Verlaub, »in« – ebenso wie das Beklagen des Wertewandels, des Wertezerfalls, des Sinnverlusts. In schwierigen Zeiten werden wir unversehens zu Idealisten; wir fordern, weil wir nicht tun – nicht wissen, was tun. Wir entdecken oder entwerfen das richtige Menschenbild und verlangen, daß man sich zu ihm »bekenne«. Vor allem muß man dem falschen Menschenbild abschwören. Man traut diesem Vorgang sehr viel zu, zum Beispiel daß sich aus dem richtigen Menschenbild die uns bekömmlichen und notwendigen Erziehungs- und Bildungsziele, Unterrichtsgegenstände und Schulformen, Lehr- und Lernverfahren, wenn nicht »ergeben«, so doch ableiten lassen.

Als Lehrer kenne ich die Grenzen des hier nahegelegten Vorgehens. Ich weiß auch, welche Belehrung einem durch Irrtum und Umkehr zuteil werden. Gehen wir also ein Stück auf diesem falschen oder doch schwierigen Weg:

Ein Menschenbild hat man oder sucht man, um ihm zu folgen. In beiden Fällen muß es, um wirksam zu sein (zum Beispiel in der Pädagogik oder in der Gesetzgebung), die Zustimmung möglichst aller finden (was nicht leicht zu haben ist); es muß zu uns – zu unserem geschichtlichen Bewußtsein und unserer gegenwärtigen Lage – passen (was noch schwerer zu haben ist); und es muß so etwas wie Autorität haben, darf nicht von Beschlüssen, wechselnden Gefühlen und Argumenten abhängen.

Zugleich hat sich uns eingeprägt: »Du sollst dir kein Bildnis machen« – nicht nur von Gott, sondern vor allem nicht vom Menschen, vom einzelnen Menschen wie vom Menschen schlechthin, vom Gattungswesen. Alle Bilder, so hat uns Max Frisch eingeschärft, tun der Wirklichkeit Gewalt an. Die folgenden Zitate sind teils wörtlich Max Frischs zweitem Tagebuch von 1972 entnommen oder stellen Paraphrasen seiner Gedanken dar:

– Wir neigen dazu, uns ein Bildnis vom anderen zu machen. Wenn wir es tun, ist es ein Zeichen der Schwäche, ja, des Verrats. Wir halten nicht aus, daß der andere unbestimmbar, ein Rätsel ist.

– Indem wir uns ein Bildnis von ihm machen, sind wir lieblos. Nur die Liebe erträgt es, daß ihr Gegenstand nicht festlegbar, ohne Bestimmung und sie selbst darum vielleicht sinnlos ist.

– Mit dem Bildnis legen wir den anderen nicht nur für

uns fest, sondern auch für sich. Er wird zu dem, was das Bildnis vorschreibt.

– Das Bildnis trägt die Züge unserer Angst und unserer Wünsche.

– Ein Zwilling des zu befolgenden Menschenbildes ist das zu bekämpfende Feindbild.

Man möchte meinen, ein gutes Bild, das ich mir vom anderen mache, werde nicht nur nicht schaden, es werde ihm auf jeden Fall helfen. Aber die Folge dieses Bildnisses/Bildes ist in der Regel die Verurteilung aller Abweichungen von ihm, und niemand wird ihm je ganz entsprechen! Die *idea* (das griechische Wort für »Bild«) kritisiert allemal die nicht an sie heranreichende Erscheinung.

Dies ist ja gerade der Grund, warum man ein Menschenbild hat oder sucht: Es soll Maß geben. Es gehört zum Grundwerkzeug des Pädagogen: Es hilft ihm fordern, beurteilen, beschämen; es erspart ihm physische Gewalt, indem es geistige Gewalt ausübt; es rechtfertigt, daß der, der es hat, den erzieht und bildet, der es noch nicht hat.

Wir sind schnell bei dem Widerspruch angelangt, der die neuzeitliche Pädagogik durchzieht – seit das Menschheitsideal das sich selbst bestimmende, ja, sich selbst schaffende Individuum ist. Es muß wählen können und dürfen unter vorgedachten, geschichtlich erprobten, dieses oder jenes versprechenden Menschenbildern, die freilich, wie eben gesagt, – jedes für sich – zunächst Einengungen, Festlegungen, Überwältigungen sind: vom *homo sapiens* bis zum *homo ludens* oder *faber* oder *creator* oder *sociologicus*; vom *kaloskagathos* bis zum demütigen, dienenden, menschenliebenden Christen; vom ewig jungen, leidlosen, sexuell aktiven Freizeit- und Abenteuermenschen (Marlboro) bis zum abgeklärten Weisen, vom Volksgenossen bis zur Sozialistischen Persönlichkeit, vom *homme machine* bis zum Übermenschen (»der Mensch ist etwas, das überwunden werden muß«); vom Wesen, das von Natur gut, bis zum Wesen, das von Grund auf böse ist.

Dieses Wählen-Können – und die Wahl verantworten, so daß die anderen sie hinnehmen oder bejahen –, das könnte dann selbst als das gesuchte Menschenbild ausgegeben werden: die frei entscheidende Persönlichkeit mit dem aufrechten Gang im Bewußtsein ihrer Einmaligkeit und mit dem Recht auf Irrtum, Schwäche, Scheitern.

Wer dem zustimmt, hat freilich das Problem nicht gelöst, um dessentwillen Menschen und insbesondere Pädagogen und Politiker immer wieder ein (oder das) Menschenbild bemühen; er hat das Problem bezeichnet, neu und scharf gestellt.

Das Menschenbild, das gesucht wird, kann nicht eines vom Menschen im Singular sein; es muß sich auf den Menschen im Plural erstrecken. Wir sind genötigt, wie die alten Griechen, die alles wirklich Wichtige schon gewußt zu haben scheinen, immer alle drei Fragen zu stellen: Was ist das gute Leben? Was ist der gute Mensch? Was ist die gute Gemeinschaft / *polis*? – Und wieder öffnet sich ein weites Feld. Die eingangs gestellte Frage nach dem Menschenbild führt nicht zu weiteren Detailfragen, sondern zu weiteren Fundamentalfragen. Ich deute nur drei grundsätzlich mögliche Antworten an, aus denen hervorgeht, wie wenig die Pädagogik hier auf Entscheidung verzichten kann:

(1) Die Gute Gemeinschaft ist denkbar als der Gottesstaat: das nötige Wissen ist durch Offenbarung, die Gesetze vom Berge Sinai, Propheten und Orakel gegeben (Prototyp: Augustinus' *Civitas Dei*); (2) sie ist denkbar als Analogon zu anderen natürlichen Gemeinschaften – von Ameisen oder Pavianen –, in denen der Vorteil der Ge-

meinschaft und das Recht des Tüchtigen zusammenfallen; der Kampf, der freie Wettbewerb ermittelt, was das ist (Prototyp: die Demokratie der Sophisten); (3) sie ist denkbar als ein Konstrukt: in ihm wird das Gemeinwohl ständig durch Menschen gesucht, die dazu befähigt und erwählt sind und durch gesetzliche Vorkehrungen an der Entwicklung von Egoismus gehindert werden (Prototyp: Platons *Politeia*). In allen wird ein bestimmtes »Wissen« und eine bestimmte Einstellung oder auch Haltung, griechisch *ethos* gefordert – »bestimmt« und nicht unserer Wahl oder gar unserer Gestaltung zugänglich.

Ich komme zum zweiten Fragstück: Menschen-Bildung. Das Bindeglied ist das Wort »Bild«. Leider kann auch das nicht ungeprüft durchgehen. Ich habe zwar bisher – bei der Behandlung von »Menschenbild« und »Menschenbildern« – so getan, als sei es eindeutig. Das ist es leider nicht. Wir verwenden es abwechselnd (und wiederum: des Wechsels nicht gehörig bewußt) in wenigstens drei verschiedenen Bedeutungen:

– *Ur-Bild*, Ur-Gestalt: etwas, was unserer Entscheidung eigentlich entzogen ist, griechisch *eidos*. Beispielsätze: Der Mensch ist ein Wesen, das in der Gemeinschaft lebt (*zoon politikon*) – das Bild, das die Kommunitaristen vom Menschen haben, wobei sie sich nicht nur auf ehrwürdige Philosophen berufen, sondern auch auf die Natur, auf eine ungeschichtliche Betrachtung der Natur. Oder: Der Mensch ist ein Wesen, das lernt = sich eine Umwelt schafft, ja, überhaupt eine solche und nicht einfach eine Welt hat. Oder: Der Mensch ist ein Wesen, das über sich nachdenkt und dabei den Gegenstand des Nachdenkens, diese Spiegelung, diese Reflexion, verändert, also eine Geschichte hat, sich selbst Kulturideale macht, Bildungsziele setzt und so fort. Sodann (dies ist die zweite Bedeutung von »Bild«)

– *Schein-Bild*, Entwurf: etwas, was unabhängig von der erfahrbaren Wirklichkeit im Geist entsteht; griechisch *schema*. Geometrische Figuren heißen *schemata*; Theophrasts Charakter-Typen waren *schemata* – Gedachtes, Konstrukt. Beispiele: der *honnête homme* oder der ritterliche Mensch oder der *citizen* oder der *homme machine* von Lamettrie. Weiter (dies ist die dritte Bedeutung von »Bild«)

– *Ab-Bild*: etwas, was die Wirklichkeit gerafft, aber nicht verzerrt, überhöht, idealisiert wiedergibt – kulturgeschichtliche, psychologische, soziale Befunde, Statistiken, die den Wandel verdeutlichen; griechisch *eikon* – Wiedergabe des Gesehenen.

Wenn das Menschenbild dazu dienen soll, Bildungsziele und -inhalte zu bestimmen, muß man diese Bedeutungen gut auseinanderhalten und jeweils sagen, worauf man sich beruft. Und man wird dann merken, daß die eine oder andere Bedeutung von Bild überhaupt nicht für den Zweck taugt, jedenfalls nicht direkt. Was der Sozialwissenschaftler Klaus Hurrelmann erforscht, muß dem Urteil unterworfen werden, gibt von sich aus nichts an – außer der Abweichung des Befundes vom Gedachten oder Gewollten. Das *eidos* wiederum, das Urbild, werden wir einerseits nie wissen (Platon hat uns gewarnt!), andererseits werden wir es (vielleicht gerade darum) herstellen wollen. Alle Pädagogen haben eine geheime Neigung zum Menschen-Machen! – Das Konstrukt schließlich hat keine Verbindlichkeit.

Wie leicht gleiten wir ab mit unseren Metaphern: Menschenbild – Menschen bilden – Menschengebilde!

Auch das Wort »Ziel« (in Bildungs-Ziel) ist eine Metapher: ein Bild – der menschlichen Fortbewegung oder der Ballistik entnommen. Am Ziel trifft man ein, im Ziel trifft der Pfeil auf. Und bis dahin? Nur Gehen? Nur Fliegen? Und wenn aufgehalten: Stillstand oder Absturz? Ist Bildung von der Art? Und wenn man nicht eintrifft oder trifft – was ist oder war dann?

Neben dem Bildungsziel (das man sich als ein Ideal oder Menschenbild denken kann) gibt es Bildungsgüter, Bildungsprozesse, Bildungswirkungen, Bildungsmittel – und an seiner Stelle etwas, was wir »Qualifikationen« nennen. Zu ihnen allen paßt die Ziel-Metapher nicht.

»Ein Stück auf dem falschen, schwierigen Weg« wollte ich zur eigenen Belehrung gehen. Ich halte an. Jeder frage sich, ob er ihn alleine weitergehen will. Ich für mein Teil tue es nicht. Sosehr ich überzeugt bin, daß es etwas für unser Leben ausmacht, ob wir uns vorstellen: der Mensch sei Gottes Ebenbild, oder, weil dies eigentlich nur sagt, wie der Mensch sich Gott vorstellt, lieber nur: der Mensch sei die Krone der Schöpfung, gleichsam der Zweck der ganzen Schöpfungsarbeit; oder: er sei ein »unabgeschlossenes« Ergebnis von Evolution; oder: ein Produkt der Verhältnisse; oder: ein besonders komplexer Reiz-Reaktions-Organismus – so wenig kann ich mit meiner Entscheidung für das eine gegen das andere zur Entscheidung meiner Mitmenschen beitragen, schon gar nicht mit dem Argument von den schlimmen Folgen. Solche haben alle diese Glaubenssätze gehabt.

Solange wir nicht bestimmt haben, was Bildung sein soll, ist es verständlich, daß diejenigen, die sich für den »Lauf der Dinge« verantwortlich fühlen – Politiker, Wirtschaftler, Publizisten, Wissenschaftler –, ganz anders fragen:

»Was muß ein Mensch wissen und können, um in der heutigen Welt zu bestehen – eine Arbeit zu bekommen und seine Bürgerpflichten zu erfüllen?«

Oder auch:

»Was für Menschen – mit welchen Tugenden und Qualifikationen – braucht die heutige Welt oder unser Land zur Bewältigung der Zukunft?«

Die Antwort hierauf wird dann »die geforderte Bildung« oder »die moderne Bildung« oder »die Bildung für die Zukunft« heißen. Alles andere mag man vergessen. Was früher wichtig und richtig war, ist ohnmächtig geworden angesichts der radikal veränderten Verhältnisse.

Die beiden Fragen unterscheiden sich zunächst dadurch, daß die eine vom Individuum, die andere von der Gesellschaft ausgeht.

Sie werden darum ganz sicher nicht die gleiche Antwort erfahren, sofern hart und ehrlich argumentiert wird und nicht oberflächlich und beschönigend. Wenn die im ständigen technischen, strukturellen und konzeptionellen Wandel befindliche Wirtschaft nicht mehr auf das Wissen in kanonisierten Fächern, sondern auf sogenannte »Schlüsselqualifikationen« setzt, darunter unter anderem die Fähigkeit zu »innovativem Handeln« versteht und dieses gleichsetzt mit: sich auf immer neue Apparate und Verfahren umstellen können – dann wird dies dem Individuum möglicherweise eine Chance auf dem Arbeitsmarkt eröffnen, es aber auch hoffnungslos dem Prinzip und System der Innovation ausliefern. Der einzelne müßte um seines Glückes, seiner Selbstachtung, seines Gewissens, seiner Verantwortung für das Gemeinwohl willen auch über eine Schlüsselqualifikation »Fähigkeit zur Kritik, zu Einspruch und Widerstand«, zu eben jener »Verantwortung für das Ganze« verfügen, die ich hier als Teil seines Seelenfriedens vorausgesetzt habe. Die Gleichung, alle können zufrieden sein, wenn alle gebraucht werden, also für das Ganze »brauchbar« sind, geht nicht auf, ist widerlegbar. Man stelle sich vor, wir könnten durch eine wundersame Vermehrung der Arbeitsplätze und ebenso wundersame Gleichverteilung der Arbeit so etwas wie Vollbeschäftigung erreichen. Die zusätzlichen 4 Millionen »Erwerbstätigen« allein in Deutschland würden vornehmlich mit der Herstellung von elektronischer Hard- und Software, mit »Kommunikation«, mit Biogenetik und ihrer technischen Verwertung, mit Umweltschutz und in der Freizeitindustrie beschäftigt sein, also mit der Vermehrung von Ablenkung, Luxus, »trash« und dem Auffangen der Schäden, die die menschliche Be- und Verarbeitung unserer Lebensgrundlage dieser antut. Es ist nicht der Mangel an Lebensmitteln, sondern der Mangel an Lebenssinn, Lebensaufgaben, Lebensqualität, der uns am meisten zu schaffen macht; von diesen muß man Vorstellungen haben, für diese den richtigen Weg finden; und es ist durchaus möglich, daß er in der Zurücknahme von Erwartungen und Ansprüchen, im Aushalten von Knappheit, Unsicherheit, Reibung besteht. Das gute Funktionieren des Ganzen kann uns, wenn der Kurs nicht bedacht und der wahre Gewinn des einzelnen nicht geprüft wird, um so schneller in den Abgrund steuern. Je mehr wir uns auf die Erfordernisse und Spielräume der sogenannten Entwicklungen einlassen, um so mehr muß der einzelne unabhängig von ihnen zu urteilen und zu entscheiden lernen. Umgekehrt kann er nicht seine gegenwärtige persönliche Entscheidungsfreiheit zum einzigen Kriterium der Guten Gesellschaft machen. Welche »Bildung« also braucht er?

Das Dilemma der beiden hier erörterten Fragen – der vom Individuum und der von der Gesellschaft ausgehenden – setzt sich in den Antworten fort, die man auf jede einzeln gibt. Die einen sehen vornehmlich »technische«, die anderen vornehmlich »moralische« Anforderungen auf uns – den einzelnen wie die Gemeinschaft – zukommen. Der Blick des Bundesministers für Bildung, Forschung und Technologie ist gebannt auf die Entwicklung des internationalen Wettbewerbs gerichtet, und so fordert er, es müsse mehr Geld in das Bildungswesen investiert werden mit der Begründung, das Wachstum der Zukunft sei ein »Wachstum durch Wissen«. Der Präsident der Deutschen Forschungsgemeinschaft weiß, daß in den kommenden zehn Jahren »doppelt soviel geforscht werden wird wie in den 2500 Jahren seit Aristoteles bisher«, er weiß auch, daß es unmöglich sein wird, diesen Prozeß zu steuern. »Being digital« werde in erster Linie die Fähigkeit verlangen, »die Übersicht zu behalten«; er empfiehlt Nachdenklichkeit. Der Präsident der Max-Planck-Gesellschaft erklärt die Entwicklung – aufgrund des Bevölkerungswachstums – für unausweichlich. Der Präsident der privaten Universität Witten/Herdecke fordert vor allem den Rückzug des reglementierenden Staates. Und der Generalsekretär der CDU, auf deren Parteitag dies alles geredet wurde, warnt vor »Kulturpessimismus«. Die Bevölkerung hingegen, das offenbart die Demoskopie, wolle angesichts von alledem eine »geistig-moralische Wende«. (Aus dem Bericht der Frankfurter Allgemeinen vom 18. Oktober 1995 über den CDU-Parteitag in Karlsruhe) Die *Magna Charta for the Knowledge Age* von 1994 erklärt Cyberspace, also die elektronische Herstellung von sogenannten virtuellen Welten, zur »letzten amerikanischen Herausforderung«: die Überwindung des Fließbandes, der Konformität und Standardisierung; das Ende der Bürokratien, der Sozialverwaltung, der militärischen Organisation, der Schulen; den Sturz der Materie. Andere wiederum meinen, wir müßten wie einst bei der Alphabetisierungskampagne nun eine systematische Anstrengung zur Bewältigung der Bildschirmwelt machen, eine Bildpädagogik einführen, die uns der Bilderflut gewachsen macht.

Die drängendsten und ernstesten Fragen an unser Bildungssystem sind nicht die, über die man auf Parteitagen, in den Feuilletons und den Verbandszeitschriften, in den Finanzausschüssen und Ministerialstuben oder auch am Familientisch streitet. Diese sind teils ungeheuerlich, wie die eben gestreiften, und unlösbar, oder sie sind abgeleiteter Natur, so oder so lösbar und kommen aus der unangefochtenen Gewißheit: man wisse, was was sei. Jene aber haben ihren Grund gerade in dem Verlust einer solchen Selbstverständlichkeit, den sie wiederum mit dem Verlust an Verständigung und elementarem Vertrauen in unserer Gesellschaft in Verbindung bringen. »Orientierungslosigkeit« sagen die einen dazu, »Wertezerfall« die anderen. Sie begründen diese Erscheinungen mit der Überforderung der Menschen durch die ungeheure Anhäufung der technischen und administrativen Mittel, durch die Vermehrung der Beziehungen, durch die Beschleunigung aller Prozesse; sie begründen sie auch mit der mangelnden Bereitschaft der Eliten, die nötige Führung, die geforderte Konsequenz, das mögliche Vorbild zu geben. Niemand will sich unbeliebt machen; alle scheuen den Vorwurf autoritären Gebarens; Gemeinsinn, der immer mit Dienst und Opfer verbunden ist, kommt nicht auf oder verfällt dem Spott der Erfolgsmenschen; Pluralismus, Individualismus, Rationalismus einerseits und Fundamentalismus andererseits stehen in Blüte, und in ihrem Kielwasser folgen Vereinzelung, Verwirrung, Verrohung und Gleichgültigkeit.

Ob dies zutrifft, ob die Menschen die Werte wirklich preisgegeben haben, die bisher galten: Freiheit, Friede, Gerechtigkeit, Wahrheit, Unversehrtheit des Leibes, Wohlversorgtheit, Würde der Person, ob »Orientierungslosigkeit«

nicht selber eine faule Ausflucht ist, mag dahinstehen – ein überzeugter Aufklärer oder ein verantwortungsbewußter Bürger, ein guter Christ oder ein guter Kosmopolit hat die Besorgnis ernst zu nehmen und darauf seine Antwort zu geben oder zu suchen. Er wird die unbehauenen Problemblöcke und die großen Lösungsentwürfe auf verschiedenen Ebenen »kleinzuarbeiten« versuchen. Auf der einen Ebene wird er fragen: Kann man in so unübersichtlicher und unzuversichtlicher Zeit überhaupt dauerhafte Vorstellungen vom und haltbare Überzeugungen zum »Lauf der Dinge« haben? Auf einer anderen vielleicht: Welche Ordnungen dienen dem Menschen wirklich? Auf einer dritten: Welche Voraussetzungen sind dafür zu schaffen – von mir, hier, heute? Und: Was steht dem im Wege? Auf einer vierten: Gibt es dafür Vorbilder? Was hat meine Vorstellungen bewegt oder geordnet oder gefestigt? Wer schaut auf mich, und was für einen »Anblick«, was für eine Erklärung oder Begründung oder Anleitung schulde ich ihm? Wenn ich es gut mache – warum richtet er sich nicht nach mir? Wer oder was konkurriert da mit mir worin und womit – und schlägt mich? Wo sind die Grenzen meiner Möglichkeiten? Darf, was ich in dieser Absicht tue, etwas anderes im Sinn haben, als daß er, dieser junge Mensch, seine Formung selbst in die Hand nimmt – weil ihm Einsicht und Gelegenheit dazu gegeben worden sind? Ist »bilden« nicht ein viel zu schwaches Wort für all dies? Muß man nicht vor allem um Stärkung, Aufklärung, Begeisterung bemüht sein oder umgekehrt um die Erzeugung kühler Entschlossenheit?

Man sieht: In diesem Zusammenhang kann es nicht um die verschiedenen Arten und Auffassungen von Bildung gehen, die ich oben aufgezählt habe – um entweder formale oder materiale, volkstümliche oder wissenschaftliche

Bildung, Bildung mit oder ohne oder gegen den Computer, um Kanon oder Orientierung an Problemen. Es muß sich um das handeln, was den Menschen zu einer Person macht – einer Person, die das versteht, kann und will, wonach hier gefragt und was hier gesagt wird; die vor allem prüft, was wir immer schon tun und nur darum für das Gute halten; und die, was sie als notwendig erkennt, zu tun wagt.

Vergegenwärtigen wir uns noch einmal: »Was bildet den Menschen?« »Welche Bildungsvorstellungen haben wir / wollen wir haben?« »Wer ist der gebildete Mensch?« »Welches Menschenbild liegt deiner / meiner Menschenbildung zugrunde?« »Welche Eigenschaften und Fähigkeiten, Tugenden und Qualifikationen braucht der heutige Mensch / die heutige Welt?« – diese Fragen kann man verständig nur beantworten, wenn man einvernehmlich und begründet weiß, was mit »bilden« gemeint ist.

Ich werde mich darum zunächst mit »Bildung« und »bilden« befassen.

II

Notwendige Klärungen

3
Der Mensch bildet sich.

Die Antwort beginnt mit einer Setzung: Bilden ist sich bilden. Der prägnante Sinn des Wortes Bildung kommt jedenfalls in der reflexiven Form des Verbums am klarsten zum Ausdruck. Nicht immer sind wir das Subjekt dieses Vorgangs, und wir sind es auch nicht immer erst am Ende (das es genaugenommen gar nicht gibt). Aber der Anteil, den wir selber daran haben, sollte immer größer werden und nie, auch in den frühen Stadien nicht, ausgeschlossen sein, vielmehr: nicht geleugnet werden, denn »ausschließen« läßt er sich nicht. Das kleine Kind ist in ungleich höherem Maße sein eigener Lehrmeister, als es später der Schüler sein wird – und vieles davon ist nicht nur Entdeckung und Übung von Fähigkeiten, sondern deren eigentümliche Gestaltung, die »sich bilden« genannt zu werden sehr wohl verdient: in der Sprache, in der Aufmerksamkeit für andere Menschen, im Spiel der Einbildungskraft, in der Empfänglichkeit für Musik, für die Schönheit der Dinge, für die Rätsel und Wunder der Natur.

»Bildung« ist ein nützliches Wort für einen schwer faßbaren, aber identischen Vorgang. Wir sollen dankbar sein, daß unsere Sprache uns mit dem Wort »bilden« auf keine spezielle Vorstellung festlegt. Das Wort bedeutet: einer Materie oder einem Ding eine Form geben. »Bilden« hat die vielfältigsten Objekte: Tonfiguren, einen Chor, eine Vorstellung, einen Kreis, einen Satz; »sich bilden« hat die vielfältigsten Subjekte: Wolken, Bläschen, eine Gruppe, eine Blüte, eine Kultur. Bildung ist der Prozeß, durch den etwas Gestalt, Idealisten werden sagen »seine Gestalt« annimmt.

In die Pädagogik sind das Wort und die Vorstellung durch Übersetzung des lateinischen Wortes *formatio* gelangt, hatten doch schon die alten Römer das griechische *eidos* mit *forma* wiedergegeben. Es ist nur natürlich, daß die platonische Vorstellung, jedem Ding wohne sein *eidos*, die ihm eigentümliche Gestalt, inne, mitklang, wenn man im Deutschen seit dem 18. Jahrhundert von der Bildung des Menschen sprach. Zum »Grundbegriff der deutschsprachigen Pädagogik« (so die Kennzeichnung des Wortes in der Brockhaus Enzyklopädie von 1987) wurde Bildung erst spät – durch Wilhelm von Humboldt. Noch bei Kant dient es der unspezifischen Benennung vielfältiger pädagogischer Bemühungen, die geistige und praktische Geschicklichkeit und einen sittlichen Charakter hervorbringen sollen. Was aus geistiger Unfreiheit und Irrtum herausführt, hat er lieber mit dem Fremdwort Edukation bezeichnet, für die »Aufklärung« beides, Mittel und Ziel, war.

Bei Humboldt dient das Wort nicht mehr nur der Bezeichnung eines tatsächlichen Vorgangs; Bildung wird vielmehr theoretisch bestimmt – und dient seither selber – als Maßstab für die mit dem Wort benannten Tätigkeiten. Bildung sei die Anregung aller Kräfte eines Menschen, damit diese sich über die Aneignung der Welt in wechselseitiger Ver- und Beschränkung harmonisch-proportionierlich entfalten und zu einer sich selbst bestimmenden Individualität oder Persönlichkeit führen, die in ihrer Idealität und Einzigartigkeit die Menschheit bereichere. (Zusammenfassung der Brockhaus Enzyklopädie von 1987 s. v. »Bildung«) In dieser Definition ist jedes

Wort bedeutsam: Es geht um *Anregung* (nicht um Eingriff, mechanische Übertragung, gar Zwang); *alle* (nicht nur die geistigen) Kräfte sollen *sich entfalten* (sie sind also schon da, werden nicht »gemacht« oder eingepflanzt), was durch die *Aneignung* von *Welt* (also durch die Anverwandlung des Fremden in einem aktiven Vorgang) geschieht – in *wechselhafter Ver- und Beschränkung* (das heißt erstens: auch die »Welt« bleibt nicht unverändert dabei, zweitens: die Entfaltung ist kein bloßes Vorsichhin-Wuchern, sie fordert Diszplin); die Merkmale sind *Harmonie* und *Proportionierlichkeit* (Bildung mildert die Konflikte zwischen unseren sinnlichen und unseren sittlichen, zwischen unseren intellektuellen und unseren spirituellen Ansprüchen, sie fördert keine einseitige Genialität); das Ziel ist die *sich selbst bestimmende Individualität* – aber nicht um ihrer selbst willen, sondern weil sie als solche *die Menschheit bereichert.*

Noch innerhalb des gleichen Jahrhunderts hat sich diese – gewiß schon zu Humboldts Zeiten nicht von allen geteilte – Vorstellung gründlich gewandelt. Und doch haftet dem Wort Bildung seither das Moment der Selbständigkeit, also des Sich-Bildens der Persönlichkeit hartnäckig an. Ich komme darauf zurück.

4
Das Leben bildet.

Einer der berühmtesten und wirkungsreichsten Bildungsromane ist Daniel Defoes *Robinson Crusoe*: die Geschichte von einem, der sein Leben auf einer menschenleeren Insel meistert, indem er das dazu Notwendige aus der Erinnerung und aus den Gegebenheiten heraus neu erfindet – einen Ersatz für die sonst lebenserhaltende Zivilisation. An dem künstlich – durch Schiffbruch – Vereinsamten (wie sonst nur an den sogenannten Wolfskindern, an diesen freilich negativ) wird uns vorgeführt, was wir den anderen Menschen, der Kultur und der systematischen Beteiligung an ihren Erkenntnissen und Errungenschaften verdanken und was wir selber vermögen. Was Robinson als Inselmenschen überleben läßt und am Verwildern hindert, verlangt, daß wir anders über die Bildung des Menschen nachdenken – jenseits der Kultur unseres Standes und Landes.

Hier begegnet uns ein anderes Bildungsideal. Robinsons Ausstattung, die selbst angeeignete wie die mitgebrachte, ist erstens ganz auf Lebenstüchtigkeit ausgerichtet und wäre zweitens jedermann gleichermaßen bekömmlich, beabsichtigt also keine Individualität. Man sage nicht, das liege an Robinsons besonderem Schicksal. Dieses hat Defoe – wie die meisten seiner unzähligen Nachfolger und Nachahmer – ja gerade aufgesucht, um daran zu zeigen, was ein Mensch *eigentlich* brauche. Für den größten und jedenfalls folgenreichsten Pädagogen seines Jahrhunderts, Jean-Jacques Rousseau, war der *Robinson Crusoe* das einzig wirklich taugliche Bildungsmittel: weil sich an ihm am reinsten erkennen lasse, wie sich die natürliche Entfaltung des Menschen vollzieht – anstelle der Abrichtung auf die Eitelkeiten, Albernheiten und Verkehrtheiten der Gesellschaft. Jedenfalls der Teil unserer Erziehung (so muß es bei Rousseau heißen), den »die Sachen«, ihre Notwendigkeiten und Annehmlichkeiten, an uns leisten – hier wird er sichtbar. Rousseau muß nur eines tun: die Einflüsse der Kultur und der professionellen Pädagogik ausschalten – das für Émile tun, was der Schiffbruch für Robinson tat.

Das literarische und das pädagogische Konstrukt können der Wirklichkeit nicht als Vorlage dienen. Aber wir können an ihnen unsere Maßnahmen und Möglichkeiten prüfen. Wir sollten also nicht fragen: Ginge es ohne Schule? Sondern einerseits: Was geht besser ohne Schule? Andererseits: Was verlangt – unter neuzeitlichen Lebensverhältnissen – nach einer institutionalisierten öffentlichen Pädagogik? Was wird aus der Humboldtschen Bildung – kann sie in Rousseaus im Umgang mit der Wirklichkeit erworbenen Lebenstüchtigkeit aufgehen?

Der Zufall will es, daß mir kürzlich mein Verlag ein Tagebuch zur Beurteilung zugeschickt hat, das ein Vater in der Mitte des 19. Jahrhunderts über seinen Sohn von dessen 8. bis zu dessen 16. Lebensjahr geführt hat: die Geschichte eines realen und obendrein deutschen Émile, der Hugo heißt, und seines Jean-Jacques, der hier sein Vater ist. Eine Mutter hat der Junge nicht mehr. In dem Tagebuch erleben wir in allen Einzelheiten mit, wie unmittelbar das mit dem Jungen geteilte Leben diesen bildete und wie unmittelbar der wenige Unterricht und seine Gegenstände jenes Leben beeinflußten und bereicherten. Das Kind geht ganz selbstverständlich auf alle Reisen mit – nach Dresden und Karlsbad, nach Hamburg und Hannover, nach Amsterdam und Den Haag, nach Paris und Wien, nach Prag, Innsbruck, Zürich; überall werden wiederum ganz selbstverständlich die Sammlungen und Museen aufgesucht, wird das dort Gesehene eingehend beredet und mit dem Bleistift festgehalten oder variiert; Hugo nimmt an allen Gesprächen seines gebildeten und vielseitig interessierten Vaters mit den Zeitgenossen teil; er selbst führt vom 8. Lebensjahr an ein Tagebuch und eine ausgiebige Korrespondenz mit seinen Freunden und Verwandten; er schreibt Gedichte; schon der Siebenjährige geht im

Sommer regelmäßig und allein zum Schwimmen in der Spree; im Winter läuft er auf dem Eis; er liest viel und konzentriert; er spielt das Gelesene in seinem Tisch-Theater mit selbstverfertigten Pappfiguren nach oder zeichnet es aus eigenem Antrieb, aber auch Vorlagen werden kopiert, um sich in dieser Kunst zu üben; der Vater erzählt ihm eine erfundene endlose Geschichte von Josef und Christof und später Georg, in der alles vorkommt, was Hugo gerade nicht erlebt und doch sich vorstellen und bedenken soll (gerade ist Georg in einem Hamburger Handelshaus und trägt dort den Mitgliedern desselben zur Abendunterhaltung griechische Sagen vor). Über das Erzählte wird räsoniert (zum Beispiel darüber, welches Mittel Odysseus – außer dem tatsächlich von ihm verwendeten – wohl noch gehabt hätte, Achill herauszufinden, den man im Hause des Lykomedes versteckt hat); Hugo geht in die Oper, in Konzerte, ins Theater und in die beliebten »Buden«, in denen man ein Städtepanorama oder exotische Tiere oder Zauberkunststücke sehen kann; er lernt nacheinander Flöte, Horn, Klavier zu spielen; vom 8. Lebensjahr an unterrichtet ihn der Vater in der lateinischen Sprache (täglich eine Stunde) – bis er, mit 13 Jahren, das Gymnasium besucht; nach einem Jahr liest er Cäsars *Bellum Gallicum* – vier bis sechs Kapitel vormittäglich; nachmittags übersetzt er die eigene Übertragung ins Lateinische zurück; mit 11 kommt das Griechische hinzu; Aufsätze werden zu den Ereignissen und Gesprächsgegenständen des Tages geschrieben, wie denn überhaupt alles, was der Junge erfährt, sprachlich verarbeitet, nämlich zu Bewußtsein und Urteil gebracht wird; auf der Reise durch die Niederlande und Belgien nach Frankreich wird, bevor sie nach Paris fahren, in Dieppe Aufenthalt genommen, wo Hugo Französisch lernt – von einem Geistlichen, so will es der Vater, der kein

Wort Deutsch kann; Hugo soll die Sprache gut genug können, um in Paris selbständig zurechtzukommen – er ist jetzt 10 Jahre alt. Und so sehen dazu die Überlegungen des Vaters aus, Überlegungen, die seine Erwartungen an eine s.v.v. bildende Wirkung eines Bildungsgutes deutlich werden lassen:

».. . und da die Kenntnis des Französischen nun einmal von Euch auf dem Gymnasium gefordert wird, so will ich den Aufenthalt in Frankreich nutzen, Dich in der Aussprache, durch einen Franzosen, gleich auf den rechten Weg bringen zu lassen. Ich habe Dir gesprächsweise schon oft meine Meinung über das Sprechen fremder lebender Sprachen gesagt, daß im Grunde dieser Vorzug ein sehr geringfügiger ist und sich häufig mit oberflächlicher Bildung vereinigt findet.«

Besonders wenig komme es darauf an, »ob jemand eine fremde Sprache mehr oder weniger gut ausspreche«. Denn hierbei gehe es in erster Linie um Nachahmung, um eine »untergeordnete Geistestätigkeit«. Diese armselige Fertigkeit solle möglichst nebenbei, ohne Aufhebens erworben werden, weil sie sonst den wahren Gewinn überlagere.

Dieser also auch theoretisch begründete Bildungseifer des Vaters, der bestimmten lebensfernen, an keine Verwendbarkeit gebundenen geistigen Übungen den Vorzug gibt, hindert jedoch nicht, daß sich Hugo überwiegend am Leben – an einem gewiß untypischen und privilegierten – bildet und nicht an einem Aggregat wohlbedachter Schulgegenstände. Er bildet eine eigentümliche, gewandte, treffsichere Sprache aus, einen freien und liebenswürdigen Umgang mit Menschen, nachdenkliche und anspruchsvolle Vorstellungen von sich und der Welt, die nicht davon beeinträchtigt werden, daß der Infinitiv zu *vincio* nicht *vincere*, sondern *vincire* lautet. Der Vater ist zwar der strenge Wächter über solche *lapsus*, aber er ist vor allem ein ganzer Mensch und ohne Latein so wenig zu denken wie ohne Zeitungen und ohne Zigarren, wie ohne gute Freunde und ohne gute Geschichten, ein Mensch, der sein Leben sicher bestreitet und ihn, den Sohn, begleitet, erduldet, liebt. Das Leben bildet: Wären alle Eltern so gebildet, wie sie wünschen, daß ihre Kinder es werden, es genügte, das Leben mit diesen zu teilen – und Zeit zu haben.

Ich könnte und müßte diesem Bild ein anderes gegenüberstellen: von einem Kind, das in »einfachen« Verhältnissen aufwächst, um an ihm mit, wie ich meine, noch größerer Bestimmtheit zu illustrieren, daß, wie und wozu ein solches Leben bildet (und nicht nur die Kultur in ihm!). Ich begnüge mich mit der Erinnerung an ein uns allen bekanntes Beispiel: *Heidi* von Johanna Spyri. Das ist eine Kindheit nicht ganz ohne Schule, aber von dieser doch wenig beeinflußt. Der Alm-Öhi und der Geißen-Peter, die Ziegen Schwänli und Bärli, der Bussard, der die Menschen verhöhnt, und die Berge, deren Namen der Großvater nur preisgibt, wenn Heidi sie so beschreiben kann, daß er sie erkennt, der Kirchgang und der Käsebraten bilden stärker als der Herr Kandidat. Wen dieses Beispiel nicht überzeugt (was ich verstehe: es enthält zuwenig reale Realität, zuviel Arme-Leute-Tandaradei und zuviel Reiche-Leute-Sorgen), dem nenne ich eine andere Zeugin: Joan Lowell, die in ihrem Buch *Ich spucke gegen den Wind* ihre Kindheit als Kapitänstochter auf einem Segelschiff kurz nach der Jahrhundertwende schildert – eine Kindheit voller Gefahren, Wunder und Notwendigkeit, unter rauhen Männern mit grober Tampen-Pädagogik und gänzlich ohne Schule. Joan ist eine ungewöhnlich unabhängige, starke, menschenkluge Erwachsene geworden, wie das Buch beweist. So, ohne »Beschulung« und formalen Unterricht, wird Kim in Rudyard Kiplings Roman ein Junge von großer geistiger und seelischer Anmut, dabei weltoffen, sprach- und tatgewandt. Wer auch dem nicht traut, weil er es Kiplings Phantasie und Dichtkunst zuschreibt, dem nenne ich aus dem Stegreif: Thomas Platters *Lebensbeschreibung* (16. Jahrhundert), Grimmelshausens *Simplicius Simplicissimus* (17. Jahrhundert), Salomon Maimons *Lebensgeschichte, von ihm selbst geschrieben* und Ulrich Bräkers *Der arme Mann im Tockenburg* (18. Jahrhundert), Maxim Gorkis *Meine Kindheit* und *Unter fremden Menschen* (19. Jahrhundert), Ernst Glasers *Jahrgang 1902*, Thomas Wolfes *Look Homeward Angel – Schau heimwärts, Engel* und *Of Time and River*, Jerzy Kosinskis *Der bemalte Vogel*, Richard Wrights *Ich Negerjunge* (20. Jahrhundert) – Autobiographien meist, die in ihrer Sprache und Substanz ausweisen, wie das Leben die Autoren gebildet hat und sie sich am Leben.

5

Die Schule hat aus Bildung Schulbildung gemacht.

Das zuletzt Vorgetragene dient vor allem der Möglichkeit, bewußtzumachen, wie Bildung sich ändert, wenn sie einer Institution übertragen wird. »Sich ändert« meint hier nicht schlechter oder besser, unpersönlicher oder systematischer, härter oder anspruchsvoller wird, sondern zu etwas anderem. Wir sprechen, wohlgemerkt, von Bildung – einer Objektivierung von Sich-Bilden –, nicht von Spezialkenntnissen oder -fertigkeiten, wie es auch das Latein einmal war, nämlich ein nicht vermeidbarer Zugang zu bestimmten gelehrten Künsten, vor allem zur Theologie.

Zunächst dürfte die Bildungsanstalt Schule den natürlichen Bildungsgang simulieren – wie Rousseau dies für seinen Émile tut; aber da sie es für viele unterschiedliche junge Menschen tun muß, standardisiert sie – mit Notwendigkeit – die Anlässe, Anregungen und Ansprüche und reagiert auf alle Abweichungen vom Maß mit ihr geeignet scheinenden Mitteln: zur Herstellung des einheitlichen Vorgehens. Die Zensur, die Versetzung, die berechtigende oder verhindernde Prüfung sind die drastischsten und umstrittensten unter ihnen, aber beileibe nicht die wirksamsten oder gar die grundlegenden. Sie sind selber nur anwendbar, weil man vorher erstens aus einem Prozeß ein Ziel gemacht hat; zweitens aus etwas vom Leben Gespeistem etwas vom Leben, seinen Unregelmäßigkeiten und Widersprüchen, Getrenntes; drittens aus etwas Subjektivem etwas Objektives; viertens aus etwas zu Erfahrendem akkumulierbares Wissen, das seinerseits, fünftens, nicht als Leistung und Merkmal einer Person, als ihre Bewältigung ihres Unwissens erscheint, sondern als allgemeines, in getrennten Schubfächern bereitliegendes Gut.

Gegen all dies hat Friedrich Nietzsche in seinen *Unzeitgemäßen Betrachtungen* aufbegehrt: gegen den Positivismus, den Historismus und den Objektivismus der gymnasialen Bildung – in einer Zeit, in der sie in höchstem Ansehen und schönster Blüte stand. Seine Anklage sollten alle diejenigen lesen, die ihr nachtrauern: sie war weder humanistisch noch philosophisch, sondern inhuman und nur gelehrt. Sie war philiströs (auf das von ihm geprägte Wort »Bildungsphilister« war Nietzsche besonders stolz), am Kult der »Classiker« und am »Erfolg« ausgerichtet, borniert durch eine besserwisserische Philologie und hoffnungslos nationalistisch. Die erste Unzeitgemäße Betrachtung schrieb Nietzsche nach dem Sieg von 1871 und leitete sie mit der nüchternen Bemerkung ein: »Ein großer Sieg ist eine große Gefahr.« Die Nachgeborenen haben erlebt, daß die solchermaßen Gebildeten weder dem Nationalismus, der zum Ersten Weltkrieg führte, noch dem Irrsinn des Nationalsozialismus standhielten. Sie hätten die Vorboten davon auch in Thomas Manns *Buddenbrooks* finden können. Hannos Schulalltag offenbart, daß die Bildung, die man am Lübecker Gymnasium vermittelte, nicht verfeinert, nicht veredelt, nicht lebensklug macht, – hatte sie doch die Lehrer selbst zu schrulligen, sadistischen, weltlosen Wesen verkommen lassen. Mit denen, die das als literarische Übertreibung abtun und auch alle ähnlichen Darstellungen als von dieser beeinflußt ausgeben, will ich hier nicht rechten. Aber daß Schulbildung Lebensbildung nicht ersetzt und daß eine verabsolutierte Schulbildung schlimme Wirkungen hat, dafür ist mir noch einmal Hugo Zeuge, der mit dreizehneinhalb Jahren auf das Gymnasium (übrigens das meines Großvaters, meines Vaters und meiner Brüder) geschickt wurde. An dem Tag, an dem dies geschah, beginnen für ihn Qual, Demütigung, Langeweile und Verwirrung. Man hat ihn aufgrund einer Prüfung in die Untertertia aufgenommen und auf einen »günstigen« Platz gesetzt, den er, weil er eine Frage nicht versteht, sofort verliert. Ob man nach oben oder unten gerät, ist die eigentliche Wichtigkeit des Schultages; darüber entscheidet »die richtige Antwort« zusammen mit der pünktlichen Abgabe der schriftlichen Arbeit; die Lehrer sehen guten Gewissens keine Menschenkinder, sondern nur die Sache; die Sache aber kann Hugo, weil er so sehr mit seiner Lage befaßt ist, gerade nicht sehen. Nach neun Wochen gibt es die ersten Zeugnisse: »Fleiß und Aufmerksamkeit: ›nur in geringem Grade befriedigend‹, Latein: ›noch wenig genügend‹, Griechisch: ›bisher nicht genügend, da es seinem zu beweglichen Geiste an Kraft fehlt, das einzelne genau und scharf ins Auge zu fassen‹, Mathematik: ›es wurde ihm schwer, seine Aufmerksamkeit zu spannen und auf einen Punkt zu richten, daher waren die Leistungen noch gering‹.« Der Vater, der sein Kind so lange selbst unterrichtet hat, um den Einfluß anderer Kinder und Erwachsener von diesem fernzuhalten (nicht die Schulbildung, deren charakterformende Wirkung ihm, im Gegenteil, besonders wichtig sind) kommentiert: »Die Lehrer beurteilen Dich ganz richtig, und die Strenge ihrer Zeugnisse ist den Zwecken der Schule ganz angemessen. Du wirst immer ... gegen Deinen Hang zu flüchtiger Abfertigung, zum raschen Hinwegeilen über das Bestimmte und die Grundlagen der Gegenstände, zum Umgehen der trockenen Mühe des bloßen Erlernens zu kämpfen haben. Du erinnerst Dich (an Deine Zeichenübungen), ... da war keine Geduld und kein ruhiger Fleiß in Dir ... Die Gabe des leichten Auffassens und das Interesse am Hervorbringen hängt allerdings mit höchsten Fähigkeiten zusammen; aber wenn die Anstrengung des Durchdringens der Gegenstände nicht hinzukommt, so ist solche Tätigkeit ohne festen Halt und eine Gefahr, sich im Oberflächlichen zu verlieren.« So sind die Schwierigkeiten, die in einem Bildungsgegenstand wohl stecken mögen, zu dessen Hauptsache geworden, ein Maß für eine ganz andere Sache, die man »Leistungswille« nennt und die man für einen Indikator des gesellschaftlichen Vorankommens hält. Aus Bildung ist ein Instrument der gesellschaftlichen Konditionierung geworden.

Als Johann Friedrich Herbart im frühen 19. Jahrhundert von »erziehendem Unterricht« sprach, hatte er neben den vermittelten Bildern, Ideen und Ordnungen auch – und in wohl noch höherem Maß – das im Sinn, was er »Zucht« nannte: »Die Erziehung *durch* Unterricht betrachtet *als* Unterricht alles dasjenige, was irgend man dem Zögling zum Gegenstand der *Betrachtung* macht. Dazu gehört die Zucht selbst, der man ihn unterwirft.« (*Systematische Pädagogik*, eingeleitet, ausgewählt und interpretiert von Dietrich Benner, Stuttgart 1986, S. 76) »Zucht« ist der Gegenbegriff zu »Regierung« (der direkten Ausübung von Macht) und meint eine durch Gewöhnung, Regeln und Sanktionen (Lob, Tadel, Strafe) erzeugte Bereitschaft zu Gehorsam (subjektiv) oder Atmosphäre der Unterwerfung des Zöglings unter den Zweck (objektiv). Die Zucht wirkt im Unterricht mit – ermöglicht ihn und geht aus ihm hervor: »Nicht sowohl den Lehrstunden als vielmehr der ganzen Stimmung gilt diese Mitwirkung. Ruhe und Ordnung in den Stunden zu halten, jede Spur von Nichtachtung des Lehrers zu entfernen, ist Sache der Regierung. Aber die Aufmerksamkeit, die lebhafte Auffassung, ist noch etwas anderes als Ruhe und Ordnung (...) Für die Aufmerksamkeit muß vieles zusammenkommen. Der Unterricht muß faßlich, jedoch eher schwer als leicht sein, sonst macht er Langeweile! Er muß das nämliche Interesse kontinuierlich ernähren (...) Aber der Zögling muß auch schon mit der rechten Stimmung hereintreten, sie muß ihm habituell sein. Hierzu nun gehört Zucht! Die ganze Lebensart muß frei sein von störenden Einflüssen; nichts für den Augenblick überwiegend Interessierendes darf das Gemüt erfüllen.« (S. 169)

Es ist, als hätte Hugos Vater Herbart gelesen, so sehr liegt ihm einerseits an der »Anstrengung des Begriffs« und der »Einsicht in die Pflichten«, andererseits an »Demut« und »Charakterstärke«, die Herbarts Pädagogik so auffällig bestimmen. Der Bildung geht die Beugung voran. (»... bis Bildung die Beugung vertritt«, sprich: ersetzt, S. 163) Wer sich drauf beruft, sollte sich's zweimal überlegen.

Schule ist heute etwas anderes, gewiß, aber sie hat weder die Disziplinierungsfunktion abgestreift noch zur Humboldtschen Freiheit, individuellen Selbstentfaltung und Erkenntnis des Allgemeinen zurückgefunden. Sie ist im Gegenteil mehr denn je gesellschaftliche Arbeit junger Menschen.

6

In der wissenschaftlichen Zivilisation sind aus der Schulbildung das Mittel und das Kriterium der akademischen Berufslaufbahn geworden.

Die Umwandlung von Bildung in Schulbildung ging in dem Jahrhundert vor sich, in dem sich die Wissenschaft zur entscheidenden gesellschaftlichen Lebensbedingung entwickelte, man also Grund hatte, individuelle Lebenstüchtigkeit an ihr zu messen. Man hat die Humboldtsche Definition von Bildung stehenlassen, aber emsig neue Verwendungszwecke, Verfahren, Gegenstände und Berechtigungen darunter subsumiert. So folgerichtig diese Umwandlung innerhalb des Bildungswesens selbst war, für die Gesellschaft nützlich wurde sie vor allem dadurch, daß man nun in eine volkstümliche, eine mittlere und eine gehobene, gelehrte Bildung einteilen und im Bildungssystem das Gesellschaftssystem bestätigen und befestigen konnte. Da nur die Gymnasiallehrer an der Universität ausgebildet wurden, da die Unterrichtsgegenstände des Gymnasiums aus den wissenschaftlichen Disziplinen erwuchsen und da nur eine erfolgreich absolvierte Gymnasialbildung zum Besuch einer Hochschule berechtigte, war hier ein Kreis geschlossen, in dem die Erkenntnisform, der sachliche Auftrag und das Standesinteresse wie prästabiliert übereinstimmten. Die seitdem geltende Gleichung »Ziel des Bildungsganges« = »Hochschulreife« wird theoretisch und praktisch immer wieder neu gestiftet (vom Tutzinger Maturitätskatalog über Wilhelm Flitners Initiationen bis zu den Gutachten des Bildungsrats und der Vereinbarung der Kultusminister-Konferenz über die Oberstufe) und widersteht aller theoretischen und praktischen Kritik (von Herwig Blankertz' Kollegschule und Hartmut von Hentigs Oberstufen-Kolleg über Wolfgang Klafkis Schlüsselprobleme bis zum Dritten Bildungsweg). Am oberen Ende des Bildungswesens herrscht Stabilität, ja, sie wird, wie wir eben wieder erlebt haben, politisch noch gestärkt.

Aber weiter unten wird die Festung der gymnasialen Bildung seit der Jahrhundertwende bestürmt – durch etwas, was sich Reformpädagogik nennt und sich aus drei heterogenen Motiven speist: aus einem kulturkritischen – von Nietzsche, den Bünden, der Jugendbewegung her; aus einem demokratisch-aufklärerischen – von den Gesellschaftswissenschaften, von der Sozialdemokratie, vom amerikanischen Vorbild her; und aus einem berufspolitischen – von den Ausbildungsbedürfnissen der anspruchsvoller werdenden technischen, kaufmännischen und administrativen Tätigkeiten her. In vielem gründlich uneins (»vom Kind aus« *versus* realistisch / praktisch; ganzheitlich *versus* wissenschaftsorientiert; behütet *versus* exponiert) waren die Reformer in einem fest geeint: in der Ablehnung der nun »bürgerlich« genannten traditionellen Bildung. Alle konnten sich auf Strömungen in der Gesellschaft berufen und stützen. Nach dem Zweiten Weltkrieg wandelte sich die geisteswissenschaftliche Pädagogik zur Erziehungswissenschaft, einem Clearing-Haus für die Erkenntnisse unzähliger Hilfswissenschaften von der Entwicklungspsychologie bis zur Sprachsoziologie und Bildungsökonomie. An die Stelle des Grundbegriffs »Bildung« (den Dünkel und Tiefsinn gleichermaßen belasteten) trat der Grundbegriff »Lernen«, das schon John Dewey zu einem normativen Vorgang gemacht hatte (und das sich wissenschaftlich bestimmen ließ); das Wort Bildung wurde nur noch als Bereichsbezeichnung verwendet: für das, was mit Schule zu tun hat.

Mit alledem vollzog sich eine Vergesellschaftung der Bildung von ungeheurem Ausmaß. Durch die wissenschaftliche Analyse der Bedingungen, Prozesse und Folgen von Bildung und Ausbildung und durch die technische Operationalisierung all dieser Erkenntnisse – in Taxonomien und Rastern, Lernprogrammen und neuen Lernmedien – sollte eine bedarfsgerechte Bildungsplanung ermöglicht werden, die sich gesellschaftspolitisch einsetzen ließ: zur Sicherung von Wirtschaftsstandorten, zum sozialen Aufstieg ganzer Bevölkerungsgruppen, zur Emanzipation des einzelnen Bürgers. Dann aber hat die Schule und die um sie Bemühten eine Erscheinung heimgesucht, die man in Amerika schon eine Generation früher als »disaffected youth« ausgemacht hatte: Die Kinder und vor allem die Jugendlichen beteiligen sich nicht mehr am pädagogischen Prozeß. Die Folgen sind vielfältig: Hoyerswerda und Chaostage, Drogen und Eintauchen in die PC-Welt, Technomusik und Abkehr von jeglicher Politik, ein charmanter Individualismus und Toleranz aus Gleichgültigkeit. Von der Bildungsreform bleibt, wie vom alten Bildungswesen, nicht viel übrig: die Aufhebung des Kanons, eine größere Aufmerksamkeit für den einzelnen, eine Vernachlässigung der Formen und Ordnungen, ein verstärktes Bewußtsein, daß man in der Schule seine Karriere beginnt oder verpaßt. Aus Deweys und Kerschensteiners Lernen durch Handeln ist ein Alibi für die Aufhebung aller Systematik geworden. Es geht ihm nicht anders als Humboldts Lernen am Modell der Griechen: Die Schule macht Pensum daraus. Und die neuen Medien helfen bei der Routinisierung, Banalisierung, Entpersönlichung kräftig mit.

Dies legt mir den nächsten Gliederungssatz in den Mund:

7
Die »Rückkehr« zur Bildung ist pädagogisch geboten – ein Fortschritt.

Ende der sechziger Jahre schrieb ich*, man solle für einige Jahrzehnte auf die Benutzung des Wortes »Bildung« verzichten. Der Begriff schien nicht zu retten zu sein – am wenigsten durch Definitionen. Gefordert war ein gründliches Vergessen sowohl des hohlen Anspruchs und der verknöcherten Praxis, mit der die bürgerliche Kultur ihre »Bildung« belastet hatte, als auch der höhnischen Kritik, mit der sich Fortschritt und Emanzipation ihrer entledigten, sich einer »Modernisierung« der Pädagogik, dem Anwendungsbezug, der »Demokratie der Gegenstände«, dem »forschenden Lernen« und also einem neuen Methodismus verschrieben.

Ende der siebziger Jahre habe ich zur – bald nach der Gründung notwendig gewordenen – Rettung des Bielefelder Oberstufen-Kollegs meine Vorstellungen von und Forderungen nach Allgemeiner Bildung vorgelegt (in *Die Krise des Abiturs*, 1978), ja, eine ausdrückliche *Apologie des Gebildeten* (1977), und verstrickte mich dabei in ein angestrengtes Begriffsgerangel mit Theodor Wilhelm und

---

* In *Systemzwang und Selbstbestimmung*, 1968

Christoph Lüth – nicht weil die »Jahrzehnte« (im Plural) schon vorüber waren, sondern aus Sorge, man habe mich falsch gelesen: ich hätte die Allgemeine Bildung schlicht durch Wissenschaft ersetzen wollen. Wenn ich Unfug rede, dann keinen so einfachen!

Wenn man mich heute nach dem Thema fragt, das mich in der Pädagogik am meisten beschäftigt, antworte ich: »Bildung«. Ich erkläre das gerne so: Vor 35 Jahren habe ich begonnen zu verstehen, daß man die Schule pädagogisch, den Unterricht erziehend machen müsse; vor 2 Jahren habe ich meine Vorstellungen von der Schule als Lebens- und Erfahrungsraum zusammengefaßt (in: *Die Schule neu denken*); an den Reaktionen hierauf habe ich mit Schrecken gemerkt, wie bereitwillig man diesem Programm zuliebe (mit dem man dem Erziehungsnotstand in der Schule beizukommen hofft) die Sache der »Bildung« aufzugeben bereit ist; ich nahm wahr, wie viele Mitmenschen und Pädgogen das Heil ausschließlich in der anderen Richtung suchten: beim offenen, freien, situativen Lernen, bei Sinnlichkeit, Ästhetik, Spiel, im Projekt, in der »Produktionsschule«, in Outward-bound-Abenteuern. Ganz ohne Frage gedeihen die Kinder dabei; sie bleiben oder werden neugierig; sie entdecken ihre Interessen und Gaben; sie lernen zuzupacken, zusammenzuarbeiten, selbständig zu entscheiden. Aber etwas, was man zu allen Zeiten mit Bildung hatte leisten wollen – Übersicht, die Wahrnehmung des historischen und systematischen Zusammenhangs, die Verfeinerung und Verfügbarkeit der Verständigungs- und Erkenntnismittel, die philosophische Prüfung des Denkens und Handelns –, kommt darüber oft zu kurz, vor allem wenn die Lehrer Bildung mit Wissenspensum und Fertigkeiten wie »Rechtschreibung« und »elementare Rechenarten« verwechseln und sie darum verachten. Schüler solcher »Lebensschulen«, wie sie auch die Laborschule und das Oberstufen-Kolleg sind, sagen gern: »Wir haben statt dessen gelernt, öffentlich aufzutreten und unsere Meinung zu sagen« oder »Wir haben statt dessen unsere Kreativität entfaltet« oder »Wir können statt dessen gut mit anderen Menschen auskommen«. Ihren Stolz kann ich verstehen und bejahen, an ihren Sätzen freilich stört mich eines – das Wort »statt dessen«.

Der Gegensatz, die Ausschließlichkeit, mit der die eine Schule meint, das notwendige Wissen und Können, die Welt der Kulturgüter vermitteln zu sollen, und die andere Schule entschlossen ist, die Person zu stärken, sich entfalten und erproben zu lassen, ist falsch – ist unbegründet, sachwidrig und verführerisch einfach. Sie erlaubt beiden, mit der anspruchslosen Erfüllung ihres jeweiligen Prinzips vorlieb zu nehmen: *hier* Enzyklopädismus und Intellektualismus, *da* Einseitigkeit und Formlosigkeit. »Die Menschen stärken *und* die Sachen klären« – so, mit der Kopula statt eines Kommas, hätte man meine Formulierung des Auftrags der Schule vielleicht richtig verstanden.

Wie wir gesehen haben, ist Bildung erst durch die Schule von den anderen formenden Erlebnissen und Veranstaltungen getrennt worden; sie war vor ihrer Institutionalisierung und Rationalisierung auf das gerichtet, was die ältere Generation der jüngeren in der Tat immer schuldet: eine Orientierung in der Fülle der möglichen Erfahrungen, die Einführung in die gemeinsamen Formen des Erkennens, also in die gewordene Kultur, und die Einführung in die gemeinsamen Regeln des Handelns, also in die gewollte *res publica* und die Verantwortung des einzelnen in ihr. Ohne diese drei: Orientierung, Verständigungsmittel und die Wahrnehmung der gegebenen Verantwortung ist man nicht frei, nicht stark, nicht lebenstauglich.

Habe ich bisher gesagt: »Wenn die Schule nicht ›pädagogisch‹ wird, kann sie ihre Bildungsaufgabe nicht erfüllen«, möchte ich heute hinzufügen: »Und wenn sie dabei nicht die ›Bildung neu denkt‹, wird sie bald keine Schule mehr sein, sondern ein sozialpädagogisches Heim einerseits und eine Berufsvorbereitungsanstalt andererseits.«

Die Aufhebung falscher Gegensätze ist in der alten – vorschulischen, Humboldtschen – Auffassung von Bildung möglich. Es sind ganz allgemein drei Figuren denkbar:

– Entweder Bildung bezeichnet das, was sich der bloßen »Entwicklung« der Gesellschaft, ihren daraus hervorgehenden »Bedürfnissen« gegenüber- und, wo nötig, entgegenstellt, das, womit man s. v. v. die geistige und moralische »Führung« übernimmt oder zu übernehmen sich bemüht, das, was uns gegen die utilitäre Vereinnahmung stärkt (Hans Freyers »gegenhaltende Kräfte« kommen einem dabei in den Sinn),

– oder »Bildung« ist ein Spuk, eine Zweckbehauptung, eine Ideologie, ein Überbau und hat den harten Instrumenten gesellschaftlicher Aufklärung zu weichen: der Nutzen bringenden, Schäden aufdeckenden, Kosten sparenden, Risiko vorhersagenden Wissenschaft, einer spezialisierten Berufsausbildung und sozialpsychologischen Verfahren,

– oder Bildung bezeichnet selbst die Spannung oder Brücke zwischen den beiden ersten – zwischen tradierten Idealen und aktuellem Kompetenzbedarf, zwischen philosophischer Selbstvergewisserung und praktischer Selbsterhaltung der Gesellschaft. Ich hätte auch – mit Platons großem Gleichnis – sagen können: Bildung ist beides – Aufstieg ans Sonnenlicht und Abstieg in die Höhle. Das eine ist ohne das andere sinnlos und unbekömmlich.

Daß ich für diese dritte Figur bin (ob nun mit Humboldt oder ohne ihn, aber gewiß nicht gegen ihn), ist nach allem Gesagten selbstverständlich. Die beiden anderen Figuren sind respektabel und mit guten Gründen vertretbar. Nicht hinnehmbar aber ist: wenn Bildung das eine beansprucht (die Werte, die Kultur, die Verantwortung, die Mündigkeit, die Führung) und das andere betreibt (die Bedienung der Wirtschaft, die Regelung des Arbeitsmarktes, das Fitmachen für die Laufbahn, die Aufbewahrung der Kinder und die Disziplinierung der Jugendlichen).

Die dritte Figur freilich ist nur aushaltbar, wenn Bildung deutlich als »Bildung« definiert ist, also nicht durch alles, was Schulen tun, sondern durch die geistige Verarbeitung der Erfahrung.

Zugleich mit der falschen Alternative Bildung oder lebenspraktisches Lernen kann man auch andere, zum Teil schon angedeutete Gegensätze oder Disjunktionen aufgeben, von denen ich nur einige – als Beispiele – nenne:

Das Leben ersetzt die Bildung *vs.*	Die Sache der Schule ist Bildung
(Sind die Gespräche von Hugos Vater etwa nicht »Bildung«?)	(Sind die Lektüre von »Werthers Leiden« oder das Singen im Schulchor etwa nicht »Leben«?)
verbindliche Werte / kulturelle Identität *vs.*	Pluralismus / Kosmopolis
(Ist nicht schon innerhalb der deutschen, durch Christentum und Aufklärung geprägten Kultur, innerhalb einer Gene-	(Ist es nicht gerade in einer vieldeutigen Welt notwendig, gemeinsame Regeln für den Austrag von Konflikten, für die Vermitt-

ration, innerhalb derselben Familie strittig, wie man sich zur Wissenschaft, zur Parteiendemokratie, zur Erhaltung der Arbeitsplätze, zur Abtreibung verhalten soll?)

lung zwischen verschiedenen Wahrnehmungen und Bewertungen zu haben – die Überzeugung, daß Verständigung möglich und nötig ist und Nicht-Verständigung nicht zu Gewalt führen darf?)

wichtige geistige Erlebnisse
(Was nützen sie, wenn ich nicht über sie verfüge, sie nicht mit denen anderer verbinden kann?)

vs. Wissen, Systematik, Übung

(Was nützen sie, wenn das Gewußte, Geordnete, Geübte ohne Gewicht für mich ist?)

formale Bildung / Aufgabenfelder / Schlüsselprobleme
(Ist hierzu nicht immer ein Gegenstand nötig und wäre dieser etwa beliebig oder nur dann geeignet, wenn er zu Fragen führt, die die Erwachsenen nicht gelöst haben?)

vs. Stoffpläne / Kanones / Abiturfächer

(Ist deren Ratio nicht immer: daß das Gelernte auch in anderen Lagen, auf anderen Gebieten klärend und hilfreich sein soll?)

Ein weiterer Gegensatz bedarf einer besonderen Prüfung: der zwischen einer höheren Bildung für die Begabten und einer Bildung für alle.

8
Alle Menschen sind der Bildung bedürftig und fähig.

Mit diesem Gemeinplatz scheine ich mich an dem Problem vorbeizumogeln. In Wahrheit mahnt er nur an das schon Gesagte: daß das Wort »Bildung« entweder eine Bereichsbezeichnung ohne abgrenzende oder auszeichnende Bedeutung ist, oder es folgt seinem Grundsinn: Formen und (reflexiv) Sich-Formen; die Gestalt, die ein Bildungsgegenstand hinterläßt, ist das Entscheidende, nicht die Prozedur, nicht ihre Dauer und nicht der Gegenstand. Dieser, es sei noch einmal gesagt, ist nicht unwichtig, aber er setzt nicht das Maß.

Bildung – in dieser Grundbedeutung – ist nicht ein Reservat der höheren Schule, sondern der Auftrag aller Schulen. Ich folgere: Wenn die staatliche Pflichtschule die jungen Menschen bilden oder zum Sich-Bilden anleiten will, sind die Gegenstände (Anlässe, Situationen, Mittel) zu wählen, an denen dies besonders *wirksam* und *für alle* geschieht.

Das Bildungssystem tut etwas anderes, jedenfalls im Prinzip. Es macht Gegenstände aus, die schwer, und solche, die leicht zu lernen sind, was daran gemessen wird, wie lange man für sie braucht, wie viele an ihnen reussieren und wie viele scheitern. Die Merkmale des Lernvorgangs werden so zu Merkmalen der Gegenstände gemacht. Die einen Gegenstände – heißt es – »verschließen sich« denjenigen Schülern, die nicht »die nötige Abstraktionsfähigkeit« (für die Mathematik) haben, nicht »die nötige Behaltenskraft« (für 4000 Vokabeln, die man für die Lektüre des Cäsar braucht und die man einzeln und auf Vorrat lernt), nicht »die nötige Ausdauer« (für die neun Jahre dauernde erste, für die sechs Jahre dauernde zweite Fremdsprache), nicht »die nötige Askese oder Phantasie« (für Physik aus dem Physikbuch) haben. Diese »anspruchsvollen« Gegenstände erklärt man zu solchen einer höheren Bildung, die man freilich nicht für die höheren Jahrgänge aufspart, sondern vom 5. Schuljahr an für die Schüler mit der höheren Begabung reserviert.

Die weniger Begabten, die durch diese Maßnahmen definiert sind, müssen auf solche Gegenstände verzichten. Sie bekommen etwas, was man schulische Grundversorgung zu nennen geneigt ist – viele notwendige und nützliche Fertigkeiten und Kenntnisse, an denen sich, schon weil sie sich im Leben gut verwenden lassen, »Bildung« nicht ereignen muß und die man guten Gewissens allen zumutet. »Guten Gewissens«, da sie doch notwendig sind und weil man nicht eben viel in ihnen verlangt, nicht mehr, als der nicht ausgelesene Rest bewältigen kann – Englisch zum Beispiel oder Rechtschreibung oder Geographie oder Arbeitslehre / Technik.

Aber das »Englisch« ist kein Englisch; die Kinder reden, was sie können, nicht was ein Engländer an ihrer Stelle redete und vor allem nicht, was sie selber reden wollen (womit nicht gesagt ist, daß sie nicht Spaß daran haben). Die Rechtschreibung wird nicht erfüllt (heute oft auch von den Lehrern nicht), was, solange das die Schüler nicht am Schreiben hindert, kein ernstes Unglück ist. Geographie könnte ebensogut auch »Orientierungs-« oder »Welt-« oder »Globusstunde« heißen, in der eine meist anschauliche und vernünftige Länderkunde geboten wird – Erkenntnistatsachen freilich, nicht Erkenntnisprobleme. Es bleiben, wenn's auch nur halbwegs gut gemacht wird, wichtige Bilder, Anknüpfungen an die Tagesereignisse, dieses Erstaunen und jene Phantasie – und sehr viel Langeweile, weil der Schüler nicht einsieht, was ihn das Bruttosozialprodukt von Uruguay oder der Verlauf des

Sambesi angeht. »Arbeitslehre/Technik« schließlich ist, was man in »Arbeitslehre/Technik« treibt; das Fach hat keinen Maßstab außer sich selbst.

Und doch könnte keiner, der die vier Gegenstände Englisch, Rechtschreibung, Geographie, Technik kennt, im Ernst behaupten, sie seien »leicht«. Nein, das Maß der Zugänglichkeit und Wirkung steckt nicht in den Gegenständen, sondern in dem, was man erreichen will und worauf man meint verzichten zu können. Ein Schulgegenstand ist das, wozu man ihn macht.

Kann man mit den Gegenständen der höheren Bildung nicht ebenso verfahren, wenn man sie denn für bildend hält und darum allen schuldet? – und danach das andere leisten, die spezialisierende, auch akademische Berufsvorbereitung?

An der Bielefelder Laborschule, einer Proletarierschule mit einem hohen Anteil an Ausländerkindern und Sonderschülern – lernen alle mit acht Jahren die erste Fremdsprache, Englisch; mit zehn Jahren können sie eine zweite Fremdsprache, Latein oder Französisch, wählen, nach weiteren zwei Jahren die jeweils nicht gewählte Sprache als dritte Fremdsprache hinzunehmen. Als ich dort (jahrelang) den Lateinunterricht gab, habe ich mit den Lehrern des fünften Jahrgangs, mit den Schülern, den Eltern und der Schulleitung vereinbart, daß alle Zehnjährigen zunächst einmal ein halbes Jahr Latein lernen. In der Unterrichtsplanung hieß dieser Kurs »Grammatik – am Latein«. In den ungefähr 100 Unterrichtsstunden wurde der lateinische Satz aufgebaut.

Aus dem Grundverhältnis von sprechender zu »handelnder« bzw. »x-seiender« Person, also dem bloßen Verbum in der ersten, zweiten und dritten Person in Einzahl und Mehrzahl

monstro, monstras, monstrat
monstramus, monstratis, monstrant
wird
magister monstrat
daraus:
magister monstrat globum
daraus:
magister monstrat globum discipulis
daraus:
magister baculo monstrat globum discipulis
daraus:

magister	*baculo*	*monstrat*	*globum*	*discipulis*
geographiae				

daraus:

magister	*baculo*	*monstrat*	*globum*	*discipulis*
geographiae			*simulatum*	*attentis*

daraus:

magister	*baculo*	*monstrat*	*globum*	*discipulis*
geographiae		*curiose*	*simulatum*	*attentis*

in zahllosen Variationen (*fabulae* = Geschichten – von Max und Moritz, Witwe Bolte und ihrem Hund, Robinson und Freitag, Odysseus und Polyphem, Siegfried und dem Drachen, Asterix und Obelix) und mit wohldosierten Abwandlungen, an denen Singular und Plural, die Kongruenzregel, das grammatische und natürliche Geschlecht verstanden werden konnten. Jede *fabula* wurde erst Stadium für Stadium gespielt, dann Glied für Glied lateinisch wiedergegeben, dann in ein Zeichenschema gebracht*, dessen einzelne Figuren ihren grammatischen (oder Funktions-)Namen bekamen, und zum Schluß erst übersetzt. Auf diese Weise sind die Wortarten und die Funktionen der Satzteile sinnlich wahrgenommen, intellektuell verstanden und mit der für alle europäischen Sprachen geltenden grammatischen Terminologie verbunden worden.

Latein können die Laborschüler am Ende dieses Kurses wahrhaftig nicht, aber sie durchschauen die Struktur des Satzes und verfügen damit über eine der großen Gaben des Lateins an uns: ein stimmiges Mittel der Sprachbeschreibung. Sie haben durch Vergleich von Handlung und Sprachmittel beobachtet, wie Sinn zustande kommt und durch welche Verwechslungen und Nachlässigkeiten er zerstört oder verfehlt wird. Und sie haben – vielleicht ist das sogar das Wichtigste – an einem Abstraktionsvorgang teilgenommen, sind nicht mit fertigen Abstrakta beschieden worden. Sie haben Spaß am Spiel gehabt und nebenbei haben sie Lust an der Erklärung von Wörtern bekommen: von *Labor*-Schule bis *Mensa*, von *Sinalco* bis *Nivea*-Creme, von *Felix* bis *Renate*, von *Omnibus* bis *etc.*

Danach haben die einen Schüler Latein gewählt, die anderen Französisch, die dritten nichts oder etwas anderes aus einem Angebot von Wahlkursen.

Ich muß, mit anderen Worten, wissen, *was* an einem Gegenstand welche Wirkung tun kann und soll, und vermag ihn dann so »einzurichten«, daß er es tatsächlich tut. In unseren Schulen lernen die Schüler nicht Gram-

---

* 1 Subjekt; 2 Genitiv-Attribut (Zugehörigkeit); 3 Prädikat; 4 adverbiale Bestimmung (hier: das Mittel/*instrumentum*); 5 Adverb (in der Form eines Kofferschildes: es gibt die Umstände, die Verfahrensweise für die Tätigkeit an – hier: modal); 6 direktes Objekt; 7 Attribut (dem Nomen in der Form angepaßt); 8 indirektes Objekt; 9 Attribut-

matik / Sprachbeschreibung am Beispiel der Sprache X. Sie sind anhand des Deutschen (zu dessen Verständnis sie der Grammatik nicht bedürfen) mit den Begriffen ausgestattet worden, die dem Aufsuchen oder Einordnen des Sprachbestands der neuen Sprache Y dienen. Sie lernen diese Sprache Y (zum Beispiel Latein) ohne ein weiteres Maß (Wie gut sollen sie es »können«? Wie Cicero? Wie Hugos Vater? Um es selber zu schreiben und zu sprechen oder nur zu lesen, nein zu übersetzen? Auf welchem Gebiet? Mit welcher Richtigkeit, welcher Wirksamkeit, welcher Freude oder Mühe?). Wir haben einen Lektürekanon aufgestellt von Nepos bis Tacitus, von den Klassikern bis zu den *Carmina Burana* oder mittelalterlichen Chroniken. Aber wir versagen uns und den Lateinschülern, diese Texte so zu lesen, wie sie gemeint sind – ganz und hintereinander, wie wir es tun müßten, wenn sie uns wirklich wichtig sind. Übersetzungen, die kundige und sprachmächtige Leute angefertigt haben, sind nicht zulässig, weil sie der Anstrengung des Lateinlernens widersprechen, die wir den Schülern zumuten. Wir machen mit keinem der Gründe wirklich ernst, aus denen wir Latein zum Gegenstand der Bildung erkoren haben, nämlich um die Schüler auf das Verstehen des Sprachbaus einzulassen; um ihnen eine Auseinandersetzung mit wichtigen Werken der Geschichte, der Philosophie, der Rhetorik, der Politik, der Dichtung der Römer zu ermöglichen; um ihnen die Latinität unserer Kultur bewußtzumachen; um sie an einem bedeutenden, wirkungsreichen, begabten Volk studieren zu lassen, was Menschen unter welchen Umständen zu tun imstande sind, also als Modell für den Nutzen oder die Schädlichkeit bestimmter Ideen, Einrichtungen, Taten; oder doch wenigstens um die vielen Spuren der lateinischen Sprache in unserer Welt entziffern zu können. Wir tun es nicht,

nicht weil wir es nicht wollen oder wüßten, sondern weil wir die Latte zu hoch gehängt haben, weil wir aber dazu nicht kommen: *so* gut lernt man in der begrenzten Stundenzahl das Latein nicht. Aber man besteht auf den angestammten Ansprüchen und damit auf einer »höheren« Bildung.

Nein, dafür muß man das Programm »Bildung für alle« nicht opfern!

Was ich für das Latein vorgeführt habe, haben andere für die Mathematik ausgearbeitet – für die grundlegenden arithmetischen Operationen:

– Zählen, Zusammenzählen, Wegzählen, Vervielfältigen, Teilen,

– das Bilden von Gruppen, die Verwendung allgemeiner Bezeichnungen oder allgemeiner Zahlen für diese, Messen (eine noch unbestimmte Größe zu einer bekannten anderen in ein Verhältnis setzen)

– die negativen Zahlen

– Verhältnisse feststellen: $1:3$ ist wie $2:6$ ist wie $5:15$, unbekannte Größen anhand solcher Relationen ermitteln,

– die Abbildung des Verhältnisses eines Teils zum Ganzen auf ein entsprechendes Verhältnis zur Zahl 100,

– die Veranschaulichung von diesem in Tabellen.

Dazu die Euklidischen Elemente: deren gegenseitige Definition (ein Punkt = der Schnittpunkt von zwei geraden Linien; eine gerade Linie = die kürzeste Verbindung zwischen zwei Punkten) – nicht über die einfachen stereometrischen Figuren hinaus: Kubus, Pyramide, Zylinder, Kegel –, deren Konstruktion und Berechnung.

Entscheidend ist wiederum nicht, wie viele und wie komplizierte Operationen mit welchen Namen gelernt werden, sondern daß die Schüler wirklich verstehen, was sie da tun. Das ist es, was bleibt, und wird in der Regel verfehlt, wo man unter dem Anspruch der »wirklichen« und »höheren« Mathematik zu schnell zu viel zu vollständig lehrt. Ich komme darauf zurück.

Wie das Nachdenken über Satzbau und Sprache und über Zahlen und Verhältnisse von der niederen Bildung ausgeschlossen bleiben, bleiben viele Gegenstände vor den Türen der höheren Bildung, weil sie nicht anspruchsvoll genug sind – Tiere zum Beispiel. Ein Schulzoo ist etwas für Hauptschulen, allenfalls für Gesamtschulen. Als »Anschauungsmaterial« sind die wenigen in ihm möglichen oder üblichen Tierarten zu schnell »verbraucht« – zufällige und zeitraubende Objekte, die die Systematik und Vollständigkeit des biologischen Pensums eher stören als bereichern. Vollends untauglich für die höhere Bildung scheinen die Tiere zu werden, wenn sie, wie an der Bielefelder Laborschule, neben der noch lehrplanmäßigen Funktion »Tiere – ihre Lebensbedingungen und Verhaltensformen – beobachten« ausdrücklich zwei weitere, an dieser Schule für »bildend« erachtete Funktionen haben: den Schülern die Erfahrung einer Verantwortung zu geben (einer ernsten, ja buchstäblich unerbittlichen) und die damit verbundene emotionale Stärkung – das Kaninchen Fritz ist mein Tröster; wenn alle anderen gemein zu mir sind, habe ich doch noch ihn; bis ich eines Tages gelernt habe, wie ich eben diesen Trost bei Menschen finde. Wie der Schulzoo sind der Schulgarten, die Schulküche, die Schulwerkstatt an Gymnasien unüblich. Sie »unterfordern« die Begabten und nehmen der höheren Bildung nur Zeit weg.

Andere Mittel der gemeinen Bildung werden auch in der höheren verwendet: Singen und Sport, Geschichten und Theater. Aber in der höheren sind sie doch eher Dekoration oder Ausgleich, nicht selber der bildende Vorgang.

Es gibt genug Lernanlässe zu großer, wichtiger Bildungswirkung für alle, ohne daß man die Schüler trennen müßte oder diejenigen, die schon Englisch nur schlecht sprechen, nun auch noch zwingt, Latein oder Griechisch zu lernen, und diejenigen, die kaum Comics lesen können, auch noch mit Thomas Manns kunstvoll-schwierigen Sätzen plagt.

Ich bin überzeugt, daß die Unterschiede im Lernen der Schulgegenstände ein schlechter und sachwidriger, wenn schon bequemer Maßstab für die Unterscheidung von Bildung und Nicht-Bildung, von sogenannter höherer und sogenannter volkstümlicher Bildung sind, daß hingegen die Unterschiede der Persönlichkeit, der Lebensauffassungen und -entwürfe eine große Bildungswirkung tun, man also die Schüler schon deshalb zusammen lassen soll, bis sie ihre Entscheidung für dies und gegen jenes selbst in die Hand nehmen. Das geschieht etwa im Alter von 16 Jahren, mit dem Abschluß der Sekundarstufe I. Die Kriterien für diese Bildung trage ich im nächsten Abschnitt vor.

Daß eine solche Bildungsschule Gymnasium heiße, ist nicht notwendig, wäre mir aber recht, weil damit die bewährten großen Bildungsgegenstände und -gelegenheiten dieser Schulart dort Eingang fänden – ausgewählt auf ihre Bildungswirkung hin und nicht als Anlaß und Mittel der Auslese. Warum soll einer auf einer solchen Schule nicht sechs Jahre Latein lernen dürfen – wie ein anderer Elektronik und ein dritter Klavierspielen –, wenn er es denn will! Jedem sei da sein Spielraum gelassen.

III

Mögliche Maßstäbe

Wenn Bildung – nach allem bisher Gesagten – nicht durch bestimmte Gegenstände oder Stoffe, nicht durch den Schwierigkeitsgrad (die »Höhe«) der Lernaufgaben, also nicht durch die Anforderungen einer auslesenden Anstalt, nicht durch die damit verbundenen Berechtigungen und – aus anderen Gründen – auch nicht durch die ihr gesetzten Ziele auszumachen ist (Der mündige und verantwortliche Bürger / Der sozialistische Mensch / Der kreative Mensch / Der für alle Kulturen geöffnete, aufgeklärte, tatkräftige und also nützliche Zeitgenosse), Ziele, von denen schwer zu sagen ist, wann und woran erkennbar sie erreicht sind, – ich sage: wenn Bildung so nicht auszumachen ist, woran wäre sie zu messen? Woran bewährt sich die Bemühung um sie? Wie komme ich zu der hier offensichtlich doch nötigen Bildungstheorie?

Bildungstheorien, deren Aufgabe es ist zu klären, was Bildung ist und wie sie sich begründet, sind notwendig umständlich; am *Ergebnis* kann man das Entscheidende nicht mit Sicherheit ablesen; Beschreibungen der vielfältigen Bildungs*vorgänge* können nichts Befriedigendes hergeben, solange wir keine *Maßstäbe* dafür haben. (Ohne solche könnten auch meine Leserinnen und Leser meinen, ich führte ihnen wieder einmal lauter aufgeputzte Beispiele vor – Anlässe, Situationen, Maßnahmen, in denen junge Menschen angeblich »sich bilden«, in Wahrheit aber verbildet oder gar nicht geformt, sich selbst überlassen werden, oder solche, die ich mir ausgedacht habe und die es nirgends geben kann. Was ich in den Abschnitten IV und V schreibe, wird sich an dem, was ich in diesem Abschnitt schreibe, messen lassen müssen.)

Die Maßstäbe müssen nicht von Natur gegeben, nicht deduziert, nicht ausdrücklich vereinbart sein (zum Beispiel in unseren Verfassungen), sondern vor allem plausibel. Für wen? Für diejenigen, die die in Abschnitt I aufgeführten Fragen stellen und die ein Buch wie dieses lesen, gleich ob sie mit ihm übereinstimmen. Sie haben eine bestimmte Schwierigkeit im Sinn, die sie aus vernünftigen Gründen mit »Bildung« in Verbindung bringen, und sie unterstellen, daß der, dem sie ihre Frage stellen, diese verstehen kann und will. Nehme ich die Ausgangsposition des Fragers ein, werde ich mir auch vorstellen können, wie er das ungeklärte Wort gemeint hat. Dem passe ich meine Antwort sprachlich an. Das ist nicht zunftgemäß, aber praktikabel und sichert jedenfalls eines: Stimmigkeit.

Zu den meisten oben gestellten »geläufigen Fragen« wird dabei ausdrücklich oder unausdrücklich Stellung genommen. Wichtiger ist mir freilich, der mit Recht perennierenden Auseinandersetzung über »Bildung« einen nicht nur anderen Inhalt oder Kern, sondern auch einen anderen Charakter zu geben. »Anlässe für *Einsicht* und *Freude*« – dies scheint mir die knappste Formel für das zu sein, was wir den jungen Menschen schulden, damit sie zu sich bildenden Subjekten werden können, – und die dafür geeignete Darstellungsform ist die Beschreibung. Die habe ich für das Weitere gewählt. Hingegen versage ich mir ausdrücklich

– eine Analyse der gegenwärtigen Situation, die nebenbei zu einer Auseinandersetzung mit meinen Kollegen in der Erziehungswissenschaft nötigen würde,

– den Rückgriff auf vorhandene ehrwürdige Bildungstheorien und

– den Entwurf einer Bildungsutopie, in der die veranstaltete Bildung die jungen Menschen zu formen oder zu befreien verspricht und sie nicht nur beschäftigt, als solche perfekt, aber unerreichbar.

Ich beschränke mich auf unprofessionelle und darum leichter mitteilbare nachdenkliche Abwägungen. »Mögliche Maßstäbe« habe ich diesen Abschnitt überschrieben – nicht um diese zu relativieren, sondern um weitere oder anders formulierte nicht auszuschließen. Erweitern kann man die Liste, vermutlich mit guten Gründen, jederzeit. Dienlich freilich ist das der hier fälligen Ordnungsarbeit nicht.

Mit Maßstab ist hier etwas gemeint, woran sich Bildung bewährt – gleich in welchem Verständnis und auf welche Art man sie erstrebt. Solche Bewährung ist etwas anderes als die Merkmale, die wir an Robert Spaemanns Porträt des Gebildeten abgelesen haben, und auch als die Bildungsziele, die wir für unsere Bildungsanstalten formulieren. Diese beiden sind ja um so überzeugender, je vollständiger und in sich schlüssiger, also geschlossener sie sind – sie legen Bildung fest. Mit meinen – nennen wir sie »Bildungskriterien« – will ich sagen: Was auch immer den Menschen bildet – verändert, formt, stärkt, aufklärt, bewegt –, ich werde es daran messen, ob dies eintritt. »Dies« kann sehr weniges sein, aber es darf nicht fehlen. Ich halte mich an die folgenden sechs Maßstäbe: Abscheu und Abwehr von Unmenschlichkeit; die Wahrnehmung von Glück; die Fähigkeit und den Willen, sich zu verständigen; ein Bewußtsein von der Geschichtlichkeit der eigenen Existenz; Wachheit für letzte Fragen; und – ein doppeltes Kriterium – die Bereitschaft zu Selbstverantwortung und Verantwortung in der *res publica*.

Eine Liste wie viele andere, wird man sagen; aber eine,

die sich durch das auszeichnet, was in ihr nicht erscheint: die großen Ordnungsbegriffe »politisch«, »ästhetisch«, »moralisch«, »wissenschaftlich«, »praktisch« oder auf einer anderen Ebene »kognitiv«, »manuell«, »sozial«, »sinnlich«, »ethisch-politisch«. Sie alle münden, fürchte ich, in bestimmten Unterrichtsfächern – und schon herrschen die Mittel über den Zweck! Die Liste enthält schon gar nicht Kriterien der Hochschulreife, Schlüsselqualifikationen und Schlüsselprobleme. Unsere Frage lautet ja nicht: »Wozu soll ein junger Mensch heute ausgebildet werden?«, sondern: »Was für eine Bildung wollen wir den jungen Menschen geben?«

Erstens: Abscheu und Abwehr von Unmenschlichkeit. Auf der Rückseite der geläufig beklagten Ratlosigkeit findet man ein geradezu schmerzlich klares Bewußtsein: »This isn't the way it should be! And we know it.« »So sollte es nicht sein! Wir wissen es doch!« Wer das sagt, denkt nicht gleich an die Zehn Gebote oder die Ethik des Aristoteles. (Das Leben und die Lehre Jesu verdrängen wir, weil ihre Forderungen – anders als die des Alten Testaments – so schwer erfüllbar, so absolut sind und weil sie in der weltlichen Lebensordnung keine Verbindlichkeit für alle haben. Die Berufung auf die Nicht-Christen unter uns erleichtert uns das Ausweichen enorm!) Er denkt vermutlich an die Wohltaten öffentlicher praktischer Vernunft. Um die kümmert er sich, damit sie nicht den Rabauken, Fanatikern, Wirtschaftshaien, Exfunktionären ehemaliger Staatsparteien und Psychopathen unter den Beiseitegeschobenen zum Opfer fallen. Er wird dabei einerseits durch Lebenserfahrung geleitet: Extreme Urteile und Taten haben extreme Folgen; es ist schwer, mit diesen weiterzuleben – und man will, man wird weiterleben!

»Maßvoll« soll es zugehen und nicht unbedingt »gut«. Mäßigung* ist herstellbar. Andererseits wird er durch eine vielleicht irrende, aber nicht falsche Erinnerung an bessere alte Zeiten geleitet. Er glaubt dabei auf Bundesgenossen zählen zu können, rechnet mit einer rudimentären Gemeinsamkeit. Und diese ist merkwürdigerweise negativ:

– Wir wehren uns gegen das Unmenschliche, das wir in aller Regel sofort erkennen.

– Das Unmenschliche kommt von Menschen.

– Das Unmenschliche ist schlecht, das Menschliche darum noch nicht gut.

– Es gibt keinen sicheren Maßstab für »Menschlichkeit« – außer in der Verneinung der Unmenschlichkeit.

Das kommt nicht nur daher, daß wir das Wort »menschlich« in zweifacher Bedeutung verwenden – neben der bloß zuordnenden (»der menschliche Körper«, »er hat keine menschlichen Kontakte«):

– einmal beschreibend (»Nichts Menschliches ist mir fremd«, »Irren ist menschlich«, »Es ist ihm etwas Menschliches passiert«),

– ein andermal bewertend (»Er hat seine Leute stets menschlich behandelt« – wofür wir, zur Stärkung des normativen Sinnes, gern das Fremdwort »human« einsetzen: »Humane Gesellschaft« meint eine zivilisierte und tolerante Gesellschaft; die »menschliche Gesellschaft« dient

---

* Dieser Kardinaltugend der Griechen – *sophrosyne* – leistet deren immanente Weltanschauung Vorschub. Gibt es keine Transzendenz, gibt es auch keine transzendente Macht, die alles auf einen Schlag erlösen oder vernichten kann und deren Entscheidungen, Gunst und Gnade wichtiger sind als menschliche Lebenskunst; alle müssen sich mit dem Vorhandenen – in den natürlichen Verhältnissen, nach erkennbaren Gesetzen, mit den bekannten Grenzen – arrangieren.

eher der Unterscheidung von der Gesellschaft der Tiere oder von der der Bundesrepublik).

Es kommt auch daher, daß das Unmenschliche nicht nur leichter zu verwerfen ist, es ist auch leichter zu unterlassen – leichter als Menschlichkeit zu verwirklichen. Menschlichkeit ist eine extrem hohe Forderung; sie bedarf vieler anderer Tugenden: der Selbstbeherrschung, der Güte, der Geduld, der Klugheit – vornehmlich solcher Eigenschaften, die uns erlauben, dem anderen besser gerecht zu werden. Sie ist kaum denkbar, wo der Mensch von seinen großen Leidenschaften überwältigt wird: Kriemhild von ihrem Durst nach Rache, Michael Kohlhaas von seiner unerbittlichen Forderung nach Gerechtigkeit, Faust von seinem absoluten Erkenntnisdrang. Die Bedingtheit des Guten bereitet dem Menschen Beschwer – er muß erst lernen, sie hinzunehmen. Eben darum wäre es nicht weise, die Menschlichkeit – etwas Äußerstes, Unbestimmtes, fast nicht Erreichbares – zum Bewährungskriterium der Bildung zu machen. Wo Unmenschlichkeit erkannt wird – im eigenen Verhalten, in den Lebensumständen, in den Taten anderer, vor allem der Mächtigen –, ist das Wichtigste in Gang gesetzt: die Unruhe über ihre Ursachen, das Nachdenken über eine mir und dir mögliche Menschlichkeit, ein Stück Verantwortung für die Welt, in der wir leben.

Zweitens: Die Wahrnehmung von Glück. »Glück« ist ein Märchenwort, unmodern und ungenau, kühn und kitschig – und klassisch. Als Kriterium für was auch immer scheint es denkbar ungeeignet. Der gemeinte Sachverhalt aber ist einfach: Wo keine Freude ist, ist auch keine Bildung, und Freude ist der alltägliche Abglanz des Glücks. Ein gebildeter Melancholiker ist ein Widerspruch, wenn denn Melancholie die grundlose Hingabe an die Trauer über die Welt meint. Hat der Vorgang, den wir Bildung nennen wollen, einem Menschen keinen Grund, keinen Anlaß, keine Fähigkeit zur Freude gegeben, war er verfehlt. Das griechische Wort für Glück – *eudaimonia* – rückt dieses weit ab vom Glücksfall, von der passiv zu empfangenden Gabe, von *happiness* und *happening*. Es heißt wörtlich: Die Dämonen sind in uns zur Ruhe gekommen – und das ist unsere Leistung. In diesem Zustand erfahren wir die Segnungen der Vernunft, tritt Verläßlichkeit ein, herrscht Seelenfrieden.

Das sei eine Idylle, werden die meisten Heutigen und an diesem Problem Mitdenkenden sagen, ein *eidyllion*, ein kleines, liebliches Bild, das sich nur wenige Menschen vom anderen und von sich zu machen gewillt sein werden. Mit dieser Behauptung könnten sie recht haben und auch mit einer weiteren: Glück und Freude gebe es ohne Bildung – spontan, sinnlich, natürlich, animalisch und also meist ungebrochen und für den ganzen Menschen. Aber das trifft unser Argument nicht. Man erkennt hieran vielmehr deutlich den Unterschied zwischen Bildungsziel und Bildungskriterium. Das letztere sagt: Wo gar kein Glück aufkommt, war keine oder die falsche Bildung; es sagt sodann: Bildung soll Glücksmöglichkeiten eröffnen, Glücksempfänglichkeit, eine Verantwortung für das eigene Glück. Der *pursuit of happiness* ist weder selbstverständlich noch ohne Schwierigkeit, zumal in einer Welt, die das Glück als Ware oder als Produkt einer, wiederum käuflichen, Fertigkeit anpreist. Bildung hat da viel zu leisten: die Empfindsamkeit anzuregen, den Anspruch zu wecken und zu steigern, die Versprechungen und den Einsatz zu prüfen, den Eitelkeiten das Wasser abzugraben, Unterhaltung von Vergnügen, Vergnügen von Genuß, Genuß von Befriedigung und diese von Glück unterscheiden zu lehren, zunächst an kleinen Aufgaben erfahren zu lassen, welche Lust es bereitet, seine Sache zu meistern und anderen nützlich zu sein ... Das Kriterium »Glück« ist – das kann man hieran sehen – konstitutiv für fast alles, was wir tun, indem wir es entweder gut tun können oder schlecht, mit hoher Aspiration oder schwächlicher, mit einem umfassenden Motiv oder nur mit dem des kleinen Vorteils, der ja auch angenehm ist, aber nicht glücklich macht.

Wir haben die Wahl zwischen dem Glück, dessen Schmied wir – mit dem Sprichwort geredet – sind (das darum manche Macken hat), und dem Schicksal der Beglückten, der passiven Empfänger höherer Löhne, weiterer Fernsehprogramme, einer gesicherten Altersversorgung, einer tröstenden Botschaft für die Ewigkeit nach dem Tode.

Wählen wir falsch, hat die Bildung versagt. Kein Thrasymachos und kein Nietzsche überzeugen mich, daß die Wahl eine Folge der natürlichen Stärke der einen, der natürlichen Schwäche der anderen ist. Ein Löwe wird nicht Gras fressen und ein Schaf nicht Fleisch, aber beide können das Ihre selber suchen, statt sich in Käfig und Stall füttern zu lassen. Und beiden, dem Löwen in der Savanne und dem Schaf auf der Weide, ist es bekömmlich, mit dem Ihren zu haushalten. Es schmälert den Wert des Glücks nicht, daß man zu seiner Wahrung Bedacht aufwenden muß.

In einer großen Umfrage, die das Emnid-Institut 1994 für den SPIEGEL veranstaltet hat, äußert sich ein 22jähriger Unternehmer zum Thema Glück:

»Ich bekenne, ich gehöre zu den vier Millionen Menschen, die täglich diese Zeitung mit den vier großen Buchstaben lesen. Natürlich interessiert mich, wie man einen Fenstersturz aus dem 12. Stockwerk überlebt, wie man Regenwürmer zubereitet und was man gegen die Grippe des Yorkshire-Terriers machen kann. Mich fesseln die Schlagzeilen des Glücks: ›Mutter machte Kind glücklich‹, ›Politiker K. hat wieder einmal Glück‹, ›Rufen Sie an, ich mach' Sie glücklich‹.

Jedes Kind beginnt früh, das Glück zu suchen. Bei Umfragen über die großen Wünsche ist es immer auf den vordersten Plätzen zu finden, aber nur wenige meiner Freunde haben es jemals erlebt, das große, schöne, strahlende Glück. Vielleicht sollte ich eine Annonce aufgeben.

Eine gute Freundin erzählt mir immer, daß sie fast jeden Tag um Dummheit betet. Bisher habe ich von keinem dieser Schnauzbart-Tennissocken-vorne-kurz-hinten-lang-6-Pack-Träger, die ich so oft nachts an der Tankstelle treffe, gehört: ›Ich bin unglücklich‹.

Sie sind glücklich, und ich werde noch in 20 Jahren unglücklich sein.« (DER SPIEGEL 38/94, S. 65)

Der junge Mann scheint dem alten Hentig Bescheid geben zu wollen: »Rede nicht so klug! Bildung macht ehrgeizig und also unglücklich. Sie macht mich und dich sogar unfähig, auf meine um Dummheit betende gescheite Freundin zu hören.« Er könnte sich dabei sogar eines Zitates von Goethe bedienen: »Nur die ungebildete Seite an uns ist es, von der her wir glücklich sind. Jeder Mensch hat so eine.« (Brief an Riemer vom 1.2.1808) Ich antworte: »Was immer es war, das dich gebildet hat, es hindert dich, mit dem Herumlungern an der Tankstelle – Bierdose in der Hand – vorlieb zu nehmen, das Glück mit Hilfe einer Annonce ins Haus holen zu wollen, dem großen, schönen, strahlenden Wunschglück zu trauen. In allem, sagt Aristoteles gleich zu Beginn seiner *Nikomachischen Ethik*, lassen sich die Menschen gern täuschen, aber nicht, wenn es um das Glück geht, das man ja um seiner selbst willen sucht. Unbeschwerter mag das Leben derer wohl sein, die von sich und vom Tag und vom Leben nichts Großes erwarten, aber auch leerer. Was ist das fünfte und sechste Bier gegen den fünften und sechsten Gesang der *Odyssee*!?« Und was Goethe betrifft: Ein solches Bewußtsein von dieser raffinierten Möglichkeit zu haben, ist selbst ein Ergebnis seiner Bildung – sie sichert ihm diesen Anteil am Glück. Wäre er gänzlich ungebildet – im Zustand der Natürlichkeit –, wäre sein Leben durch (seltene) Lust und die unvermeidbaren Leiden und Ängste des Lebens bestimmt. – Es ist ein Irrtum, eine Täuschung unserer Rückerinnerung, zu meinen, Kinder seien »glücklich«, weil sie doch weniger vom Widersinn und von der abgründigen Gemeinheit der Welt »wissen«. Das Gegenteil scheint mir wahr: Unglück befällt die ungebildeten – nicht durch Formen und Einsicht geschützten – Kinder ungleich heftiger als die Erwachsenen; Kinder sind freilich auch aus dem gleichen Grund schneller mit der Welt versöhnt – »gottlob und zugleich fälschlich«, sage ich, weil ich gebildet bin.

Drittens: Die Fähigkeit und der Wille, sich zu verständigen. Die heutigen jungen Menschen kennen Thrasymachos und Nietzsche nicht. Aber auch ohne deren Lehre vom Recht des Starken wird ein Sohn heute zupacken wollen und das Haus des Vaters umbauen oder verlassen, wird eine Tochter ihre Intelligenz und Schönheit einsetzen, um den Mann zu gewinnen, den sie liebt. Soweit die Serben wirklich die Stärkeren sind, weichen ihnen nicht nur Kroaten und Bosnier, es weicht ihnen die große Staatengemeinschaft. Die Welt ist voller Konflikte: zwischen Personen, Generationen, Nationen, Religionen – zwischen

Systemen von Gewohnheiten, Rechten, Einrichtungen, Machtgruppen. Hinter jeder Lebensfigur steht eine Ansammlung von Geschichte – eine Wirklichkeit, die wir Kultur nennen. Kulturen als eine Konstellation von überkommenen Anschauungen, Ordnungen, Gegenständen (Tisch und Stuhl, Auto und Fernseher, Kondom und Seife) und »Gehäusen« (Wohnungen, Kirchen, Fabriken, Kaufhäusern, Städten, Straßen, Plätzen, Gärten) bestimmen unser Leben, nicht »Menschlichkeit«, nicht was vernünftig und richtig, sondern was wirklich und was möglich ist. Andererseits hat sich vornehmlich in unserem nun ausgehenden Jahrhundert eine Weltzivilisation entwickelt mit gemeinsamen Nachrichten-, Verkehrs-, Wirtschafts-, Wissenschafts- und Rechtssystemen; alles hängt mit allem zusammen und darum alle von allen ab – und der Anspruch auf Demokratie allüberall macht alle für alles mitverantwortlich. In einer solchen Welt muß anders über die Ordnungen, Lebensformen und -möglichkeiten gedacht werden als in Zeiten, in denen die Kulturen die allein bestimmenden Einheiten waren.

Ich habe das Wort »Werte« vermieden, weil es heute fahrlässig ungenau benutzt wird und die nötigen Klärungen zuviel Zeit nähmen. Ich gebrauche es hier nur als Zitat: Es müßten nun, so sagen die Leute angesichts dieser Weltzivilisation, einerseits die abendländischen Werte wieder bewußtgemacht, gestärkt, mit Entschiedenheit vertreten und andererseits gemeinsame Verbindlichkeiten zwischen den Kulturen hergestellt oder gesucht werden. »Weltethos« heißt das und muß wohl unser aller Unterstützung finden. Aber wie kommt man dahin? Es gebe, so wird geantwortet, gemeinsame Fundamente aller Religionen, gemeinsame Werte aller Menschen und Völker. Diese sind jedoch nicht nur nicht bewußt, sie sind von den wahr-

und (mit Recht) ernstgenommenen Unterschieden und den aus ihnen folgenden Konflikten völlig überlagert. Ja, nur wenige von ihnen sind von großer, lebensentscheidender Bedeutung. Die Aussicht, ihnen durch Benennung, Auslegung und Aufklärung Geltung zu verschaffen, ist hoffnungslos gering, und moralische Appelle fruchten nicht, wo sich die Auseinandersetzung zwischen den Moralen ereignet. Daraus ergibt sich für mich, daß es keinen Sinn hat, mit der Forderung nach Verbindlichkeiten (sprich: gemeinsamen Werten) zu beginnen. Diese können nur das Ergebnis von Verständigungsvorgängen sein. Und Verständigungsvorgänge bewähren sich am konkreten Fall, eben da, wo die Gemeinsamkeit nicht gesehen wird – jedenfalls noch nicht.

Verständigung ist eine hohe Kunst. Man muß ja absehen von dem, worauf im Augenblick die ganze Aufmerksamkeit gerichtet ist, muß die Differenz oder das Streitobjekt, die im Augenblick das Wichtigste von der Welt zu sein scheinen, für nicht ganz so wichtig erklären wie die Verständigung. Man muß eine bestimmte oder behutsame Sprache sprechen. Man muß sich vorher Lösungsmöglichkeiten, Kompromisse, Sicherungen ausgedacht und zurechtgelegt haben. Man muß Geduld und also viel Zeit aufwenden – und jetzt schon die Freundlichkeit, die man erst hinterher wirklich haben kann. Fast noch schwieriger ist Verständigung da, wo noch kein Konflikt ausgebrochen ist, wo die Vorurteile nur brodeln, wo die bloße Wahrnehmung von Unterschieden Unbehagen bereitet. Man könnte sagen: Die nötigste Verständigung gilt den unnötigsten Spannungen. Einerseits von Natur durchaus auf die Ausnutzung der eigenen Überlegenheit, also auch auf die Anwendung von Gewalt angelegt, andererseits in der Zivilisation gewöhnt, daß uns Polizei und Gerichte vor Unrecht und Schaden schützen, ja durch Tradition gehalten, Siege zu feiern und Niederlagen schmählich zu finden, sind wir in Verständigung wenig geübt und weit davon entfernt, sie vorausschauend zu treiben, haben also auf diesem Gebiet *immer* viel zu lernen. Unser Leben hängt von vielerlei klugen Künsten ab – von kluger Politik, von kluger Wirtschaft, von kluger Wissenschaft. Aber wohl am meisten von einer klugen Verständigung unter den Menschen!

Und doch genügt eine solche Verständigungskunst mit allem, was zu ihr gehört, nicht – eine geübte Sprache und Diplomatie, dialogische Kultur und runder Tisch, Gruppendynamik und Gemeinwesenarbeit –, es muß der Wille zur Verständigung vorhanden sein. Warum soll sich einer mit mir auf ein strittiges und also unangenehmes Thema einlassen? Warum soll ich mich mit Anstrengung und Zeitverlust einem zuwenden, der mich als alten Reaktionär oder als utopischen Romantiker verhöhnt?

Ein Entwicklungs- und Bildungsgang, der nicht erreicht hat, daß man die Verständigung aktiv und unaufdringlich sucht, wäre wieder einmal »fehlgegangen«.

Viertens: Ein Bewußtsein von der Geschichtlichkeit der eigenen Existenz. Ich habe von den Kulturen gesprochen, die einer Weltzivilisation oder den überall entstehenden Multikulturen zu weichen beginnen oder zu weichen scheinen – denn noch sind sie stark und können sogar im Widerstand gegen diese eine kräftige Steigerung erfahren. Wie verhält sich ein Individuum in dieser Auseinandersetzung, beispielsweise ein vernünftiger Berliner? Ich vermute: in Kreuzberg (sagen wir, in einem Wohnblock, der zu 60 Prozent von Türken bewohnt ist) anders als in der Friedrichstraße, umstaubt und umdröhnt von westdeutscher Abriß- und Aufbauwut, anders als in Marzahn, wo

»Ossis« weitgehend untereinander geblieben sind, anders als auf dem Kurfürstendamm, wo immer schon Kosmopolis war – und vollends anders, wenn er ein türkischer oder vietnamesischer oder jüdischer Mitbürger an ebendiesen Orten ist. Überall hat eine andere Geschichte gewirkt, herrscht eine andere Gegenwart. »Abschließung« oder »Öffnung« – das sind keine Kategorien der politischen Moral, sondern oft einfach des Überlebens. Dazu bekommt, wer hier aufwächst, durch seine Familie, seine sozialen Verhältnisse, seine Schule, seinen Beruf, die Tageszeitung, das Stammtischgespräch, das Fernsehen eine bestimmte Gefühls- und Meinungsausstattung.

»Bildung« wird ihm zuteil, wenn ihm dies bewußt wird und er daraufhin sein Verhalten selber steuern und verantworten kann. Das freilich kann dazu führen, daß die im vorigen Abschnitt zum Bildungskriterium erhobene Verständigungsbereitschaft erschwert, gar unmöglich gemacht wird. Kann man das wirklich Fremde wirklich verstehen? Kommt man zu diesem Verstehen durch gegenseitige »Verständigung«? Ist umgekehrt »Verständigung« möglich, wo man den anderen nicht versteht, weil man seinen Standpunkt nicht einnehmen kann, – Verständigung nicht über den kürzesten Weg zum Bahnhof, sondern über Fragen, die durch einen solchen Standpunkt bestimmt sind? Um es konkret zu machen – welche »Verständigung« kann ich mit einem im folgenden nur ganz grob beschriebenen, in Wirklichkeit tausendfach komplizierteren Mann über die Frage erzielen, ob es eine Amnestie für informelle Stasi-Mitarbeiter geben soll: *ich* mit meiner liberal-bürgerlichen, von einem langen Aufenthalt in den USA geprägten, im Ganzen entbehrungs- und enttäuschungslosen BRD-Biographie; *er*, Jahrgang 1920, geboren in Leipzig von maßvoll orthodoxen jüdischen

Eltern; seine Familie fühlt sich deutsch, wandert nicht aus, wird im KZ umgebracht; unser Mann überlebt als einziger von vier Geschwistern; wird nach fünf Jahren Schwerstarbeit, Demütigung, Folter, Todesangst in Auschwitz durch die russische Armee befreit; emigriert 1946 zu Verwandten nach Südamerika; remigriert wenige Jahre später in seine Heimatstadt; wird, weil er nicht Kommunist werden kann und will, bespitzelt, bedrängt, benachteiligt (seine Kinder dürfen nicht studieren); und streitet nun seit fünf Jahren unerbittlich über die Frage einer Amnestie von DDR-Funktionären – ich lasse offen, ob dafür oder dagegen, weil es nichts zur Sache tut. Denn unsere Sache heißt: Verständigung mit einer Position, die keine einfache Kausalität hat, sich auch nicht aus mehreren Kausalitäten zusammensetzen läßt, sondern in dieser Lebensgeschichte so gewachsen ist – und völlig einmalig.

Die Verständigung wird in diesem wie in ähnlichen Fällen sehr formal und äußerlich bleiben. Und *das* muß ich wissen. Nicht, daß man alles mitgemacht haben müsse (und auch noch aus den gleichen Voraussetzungen heraus – das ist allenfalls eineiigen Zwillingen beschert)! Der Mensch hat die Gabe der stellvertretenden Erfahrung; darin besteht der Gewinn und der Genuß von Literatur. Aber es gibt »Inhalte«, die sich nur im Erleben selbst mitteilen – Musik, Farben, Personen, A.s Liebe für X., B.s Anhänglichkeit zu Y., C.s Mißtrauen gegen Z. Der Verstand kann ein Phänomen zerlegen, das Zerlegte beschreiben, das Beschriebene zusammensetzen und das Ergebnis klassifizieren – das ursprüngliche Ganze aber kann dies kaum sein.

Unsere Kulturen sind ähnlich wie die Individuen. Ihre Besonderheit ist in langer Zeit entstanden – aus ihren Bedingungen heraus: aus ihrer geographischen Lage, aus Ereignissen, aus Beziehungen zu anderen Kulturen und so fort. Sie sind deshalb dem erklärenden Verstand ein ebenso lockendes wie schwieriges Objekt. (Was ich hier tue, nimmt an beidem teil.) Sie sind von ihm ebensowenig zu rechtfertigen wie zu verwerfen. Der Verstand kann nur helfen, die aus der Koexistenz verschiedener Kulturen entstehenden Konflikte zu mildern. Zum Beispiel den Konflikt zwischen der Kultur von Einwanderern – sei es in Deutschland oder in Frankreich oder in Amerika –, die in hohem Maß von ihrer Religion, ihrer Familien- und Sippenstruktur, einer gänzlich anderen, sagen wir »direkteren« Ökonomie bestimmt sind, einerseits und der säkularisierten, hochtechnisierten, auf Erfahrungsprinzipien (Verfassung, Recht, Verwaltung, Wissenschaft) gründenden Kultur der gedachten Einwanderungsländer andererseits.

Nach dem bisher Gesagten ist deutlich, daß Toleranz zur Vermittlung nicht genügt. Das Wort und die damit bezeichnete Tugend taugen nur unter gleich Starken; unter verschieden Starken wird daraus Duldung, Herablassung. Nächstenliebe ist eine Überforderung schon zwischen einzelnen; von Kollektiven ist sie nicht zu haben. Gleichberechtigung ist notwendig, aber nicht ausreichend, muß immer wieder erstritten werden (da ist dann der Streit wieder!) und wird, wenn erstritten, meist widerwillig, mechanisch und nur minimal vollzogen. Der geforderte stetige und gutwillige Verständigungsprozeß aber wird enttäuschen und bald aufhören, wenn er in einer der beiden irrigen Erwartungen geführt wird – einerseits: die fremde Kultur lasse sich unverändert und lebendig in der neuen Umgebung erhalten, eine bunte Enklave in einer grauen Welt von Behörden, Bahnhofshallen und Fußballstadien; – andererseits: sie werde im ständigen Austausch mit der Umgebung allmählich in unserer rationalen Verfahrenskultur aufgehen. Beides hat die kulturelle Minderheit zu büßen. Im ersten Fall wird das Fremde, Unverstandene notwendig unter eine Art Natur- und Denkmalschutz gestellt, hört auf, aus sich heraus zu leben, und wird so auch den eigenen Mitgliedern unverständlich. Die Kinder werden die Sprache, die nur zu Hause gesprochen wird, ungern sprechen, ihre den anderen seltsam vorkommende Religion verschämt verbergen, die Kleider und Bräuche an Festtagen »vorführen«. Aus gelebter Kultur wird museale Folklore. Im anderen Fall läuft der Verständigungsvorgang auf den *melting-pot* hinaus, auf die teils unmerkliche, teils frei-willige Überführung der historischen Kulturloyalität in eine abstrakte Verfassungsloyalität – in die rationale, säkulare Zivilisation.

Was hier zunächst für die Kulturen von Minderheiten gesagt wird, gilt auch für den historischen, religiös fundierten Kern unserer eigenen Kultur.

Gibt es harte und allgemeine Gründe für die These »Menschen müssen in ›inhaltlich‹ ausgeprägten Kulturen leben«? Und umgekehrt solche Gründe, die die Verfahren zum entscheidenden anthropologischen Datum machen? Diese Fragen eröffnen ein weites, hier nicht zu beschreitendes Feld.* Aber von diesem Punkt aus kann man verstehen, warum ich das »Bewußtsein von der Geschichtlichkeit der eigenen Existenz« zu einem meiner wenigen Bildungskriterien gemacht habe. Was Bestand und die stärkere normative Kraft hat – die gewordene oder die sich

---

* Auf diesem spielte sich 1995 eine öffentliche Auseinandersetzung ab, als deren Protagonisten Charles Taylor und Jürgen Habermas agierten. Wie hart und konkret das Problem ist, erkennt man an einer Äußerung des UN-Untergeneralsekretärs Corell, mit der Schaffung eines Ruanda-Tribunals zeige der Sicherheitsrat seine Entschlossenheit, eine »Kultur« auszumerzen, die es erlaubt habe, Verbrechen (Massenmorde) zu begehen, ohne Strafe befürchten zu müssen. (*FAZ*, 28. Juni 1995)

entwickelnde Kultur, die ausgeprägten Formen oder die Formen, in denen sich Ausprägung vollzieht –, erkennt man in und an der Geschichte. Kulturen sind allemal »entstanden«, nicht von vornherein da. Herder meinte, ihre Vielfalt folge einem Plan Gottes zur Erhaltung einer größeren Harmonie und Stabilität des Ganzen der Menschheit. Die Marxisten erklären die Unterschiede aus den jeweiligen Stadien der nach gleichem dialektischem Gesetz verlaufenden Entwicklung von Klassenkampf und Fortschritt. Anhänger der Evolutionstheorie sagen, daß die Menschen (immer sind es Gruppen oder Kollektive) im Überlebenskampf die sich örtlich und momentan bietenden Nischen aufsuchen, sich diesen anpassen und den Zufall nutzen. Gemeinsam aber dürfte ihnen sein, daß der Mensch – mit aufrechtem Gang, Sprachvermögen, langer extrauteriner Entfaltungsperiode (»Nesthockerei«) und unspezieller Ausstattung – auf Lebensformen verfällt, die unter den gegebenen Umständen einfach »praktischer« sind: gefahrloser, lustvoller, gerechter (d.h. für eine größere Zahl gültig) als die bisherigen.

Der vielbeachtete Film *Am Anfang war das Feuer* illustriert dies an einigen Grundsituationen. Einer Schar von Steinzeitmenschen ist von einer anderen das Feuer gestohlen worden. Nun wollen sie es zurückerobern. Wie verständigen sie sich darüber, wer was tut? Was bringt die drei, die man auswählt, damit sie den Räubern nachgehen, dazu, sich dem Beschluß zu beugen? Woher kommt das notwendige elementare Vertrauen unter diesen, unter den Zurückbleibenden, zwischen den beiden Gruppen? Als die drei Männer in Gefahr geraten – was läßt sie einander helfen? Als sie unterwegs von Liebesdrang zur Frauenjagd verführt werden – was bindet sie an ihren Auftrag? Welche Sanktionen gibt es, die nicht zugleich auch der ganzen Gruppe schaden? Der Film zeigt die Antworten auf diese Fragen; sie sind – unter den Lebensverhältnissen – zweckmäßig, dienen dem Überleben und Wohlsein der Gruppe und nützen auf diesem Umweg auch den einzelnen. Die Antworten ergeben zusammen die »Kultur« dieser Menschengruppe. Der aus ihr erwachsende Vorteil ist um so größer, wenn die Antworten sie nicht festlegen und dadurch den nächsten Vorteil verbauen, also wenn sie formal sind: Beratung, Vereinbarung, Bekräftigung der Vereinbarung, Durchsetzung, Erinnerung an ...

Auch eine Horde von Pavianen lebt in solchermaßen »vernünftigen« Ordnungen. Diese vernünftigen Ordnungen *hat* sie, weil sie sie nicht *machen* kann wie wir und wie schon unsere Steinzeitvorfahren. Im Unterschied zum Tier »lernt« der Mensch – jedenfalls in einem unvergleichlich höheren Maß – und kann das Gelernte an die nachfolgende Generation weitergeben. Er verändert nicht nur sich, sondern auch seine Umwelt. Er lebt in einer ständigen Spannung zwischen Bewahrung und Sicherheit einerseits und Veränderung und Wagnis andererseits. Und dieser Teil der Menschenkunde ist universal. Ich bin überzeugt, daß eine hinreichend phantasievolle Kultur- und Bewußtseinsgeschichte des Menschen in der Lage wäre, eine durchgehende, verständige Entwicklung von jenen rudimentären Steinzeitordnungen bis hin zu, sagen wir, dem Gedanken von der Würde des einzelnen und den Grundrechtskatalogen moderner Verfassungen zu zeichnen – wie auch zu den anderen vorfindlichen Kulturen. Und das zu wissen, stärkt jede einzelne unter ihnen und verbindet sie auch in jenem universalen Prinzip. – Ich könnte auch sagen: Indem man alle Kulturen auf bestimmte »vernünftige« Konstanten zurückführt (wäre man nur dabeigewesen und wüßte also, wie es im einzelnen gekommen ist!), machte man aus Geschichte Anthropologie. Die Erkenntnis davon kommt freilich umgekehrt zustande: Erst erlebt, sieht, bestaunt man die *Unterschiede* unter den Völkern, stellt sie seinen Lesern in der eigenen Sprache und Wahrnehmungsform dar (so macht es Herodot) und schafft auf diese Weise »Geschichte« – dann will und muß man die *Übereinstimmungen* erklären.

Das ist alles zugegebenermaßen sehr abstrakt. Faßbar wird mein viertes Kriterium der notwendigen Menschenbildung, wenn man sich klarmacht, was es ausschließt:

– ein Leben ganz im Hier und Jetzt und allenfalls für morgen und darum voller Ärger über unverständliche, unbequeme, den Fortschritt aufhaltende, womöglich kostspielige Erbschaften: Kirchenglocken am Sonntagmorgen, wenn man noch schlafen will, seltsame Straßennamen und schwierige Straßenführung, eine anstößige Verteilung der Geschlechtswörter auf die Hauptwörter in der Sprache, verschiedene Völker auf einem Staatsgebiet in obendrein unregelmäßiger Streuung, ein Pflichtfach Religion in den Schulen des säkularen Staates, Asylrecht und der Schutz der Privatsphäre . . .;

– die Erwartung, man werde sich gesitteter verhalten, wenn man den Kopf voller Geschichtskenntnisse habe, die einem sagen, daß es das und das auch gegeben habe;

– vollends die Erwartung, das Geschichtswissen werde alles erklären, verständlich machen, warum wir wir sind mit unseren Domen und Dichtern und Dachau.

Ich habe das Kriterium nicht »Geschichtsbewußtsein« genannt, sondern »Bewußtsein von der Geschichtlichkeit« unseres Lebens. Geschichtlichkeit ist kein Gut und kein Fluch; sie ist eine gern verdrängte Realität. Geschichtlichkeit bezeichnet die Schwierigkeit, Identität im Wandel zu erkennen und die Chance für Veränderung und Vielfalt in der Geltung von bleibenden Gesetzen. Das geforderte Bewußtsein sagt mir,

– daß Kulturen lange brauchen, um zu entstehen,
– daß sie das Haus der einzelnen Menschen sind, aber nur Kammern der Menschheit,
– daß sie zerstörbar sind,
– daß ihr Tod schnell eintreten kann und unwiderruflich ist.

Es ist ein Bewußtsein von der Notwendigkeit von Formen, die, um für den Menschen annehmlich zu sein, nicht ständig wechseln dürfen, Ordnungen wie das Recht, die Grammatik, die Gestalt einer Stadt, die Gliederung des Tages, einer Zeitung, einer Mahlzeit, die Höflichkeit – und ein Bewußtsein davon, daß dies nicht mit Formalismus zu verwechseln ist.

Es ist ein Bewußtsein von uns vererbten allgemeinen Zwecken wie der Aufrechterhaltung des Friedens oder der Verwirklichung der *res publica*, der Vervollkommnung der Gerechtigkeit, der Sozialpflichtigkeit des Eigentums, der Befreiung des Menschen aus der selbstverschuldeten Unmündigkeit, der Solidarität mit den Geplagten, Verfolgten, Vernachlässigten in der Welt – und davon, daß diese Zwecke nicht Funktionären und damit dem Funktionalismus überantwortet werden dürfen.

Es ist ein Bewußtsein von uns übertragenen besonderen Aufgaben, Vorsichten und Rücksichten wie der Erinnerung an die Verbrechen von Nazi-Deutschland und an das, was sie möglich gemacht hat, oder von der Dankesschuld an die Völker, die den aus unserem Land Vertriebenen Asyl und Heimat gegeben, die Hitlerei beendet, uns danach wieder in die Gemeinschaft der Völker aufgenommen und am Ende auch die Wiederherstellung eines gemeinsamen Staates für alle Deutschen zugelassen haben – und davon, welche Verpflichtungen sich daraus ergeben.

Es ist ein Bewußtsein von der Geschichtlichkeit auch unseres Grundgesetzes, und das meint hier: daß dieses durchaus keine Selbstverständlichkeit ist, sondern eine Leistung, die in einer bestimmten Stunde unserer Geschichte möglich war und wohl nur in ihr; ein Bewußtsein von der Einmaligkeit eines 50jährigen Friedens in Mitteleuropa; ein Bewußtsein von epochalen Veränderungen in der Welt durch Fernsehen und Computer, Gentechnik und Atomenergie und von der notwendigen Wachsamkeit gegenüber den Folgen.

Geschichte und Geschichtslosigkeit sind leicht zu haben – Geschichtlichkeit ist das schwierigste Pensum der gesuchten Bildung.

Fünftens: Wachheit für letzte Fragen. Ich hätte bescheidener formulieren können: für philosophische Fragen. Aber das hätte den Anschein gehabt, als schlösse ich die Religion aus. Ich hätte anspruchsvoller formulieren können: für metaphysische Fragen. Aber das würde mich nötigen, diesen schwierigen Begriff zu erklären, mich womöglich mit denen, die eine Metaphysik leugnen, ohne eigene Gewißheit auseinanderzusetzen. Ich halte es mit Kant: Die geistige Anstrengung, die man seit Aristoteles Metaphysik nennt, kann ihren eigenen Zweck nicht erfüllen, nämlich »die Natur übersinnlicher Gegenstände« durch Vernunft zu erschließen.* Metaphysik ist vergeblich, d.h. sie bleibt notwendig spekulativ. Metaphysische Fragen sind gleich-

---

* Immanuel Kant, *Welches sind die wirklichen Fortschritte, die die Metaphysik seit Leibnizens und Wolffs Zeiten in Deutschland gemacht hat?*, Werke in sechs Bänden, hg. von Wilhelm Weischedel, Band III, 1966, S. 673.

wohl unvermeidlich. Wir können nicht aufhören, sie zu stellen, und sie schon gar nicht von vornherein unterlassen: Gibt es Gott – d. h. einen Schöpfer des Universums und Herrn der Geschichte? Hat die Welt einen Sinn, einen Plan? Was ist dieser Sinn, worin offenbart er sich? Was ist meine Bestimmung in ihm? Warum bin ich? Warum bin ich ich? Bin ich frei, von jenem Plan abzuweichen? Wohin führt das alles? Was kommt danach? – Diese Fragen stellen sich von selber ein. Sie zu fragen ist »eine Naturanlage der Vernunft«.* Einer Bildung bedarf es dazu nicht. Wohl aber dazu, sie auszuhalten und nicht in die nächstbeste Gewißheit zu fliehen: in Mythen, Dogmen, Ideologien; und auch nicht in den Verzicht: Weil es hierzu keine verläßliche Erkenntnis geben kann, begnüge ich mich mit Erfahrungswissen, mit Wissenschaft, die von vornherein nur Fragen zuläßt, die sie mit ihren Mitteln verläßlich beantworten kann, mit Beobachtung, Messung, Verknüpfung. Wissenschaft ist eine bewundernswerte Kunst und in ihr die intelligente Empirie besonders hochzuschätzen – aber nicht als Ersatz für philosophische Spekulation, sondern als deren unerbittliche Kritikerin.

Der Mensch muß sich, um dem Stumpfsinn des bloßen, wenn auch komplizierten Vegetierens und dem Hochmut eines Weltenbaumeisters zu entgehen, jenen Fragen aussetzen. Sie geben ihm ein Bewußtsein von der Grenze der menschlichen Vernunft und nötigen zugleich zu deren äußerster Anstrengung. Wer keine Beunruhigung durch letzte Dinge zeigt, bleibt ein unzuverlässiger, weil unkritischer, und ein geistig armer, weil geistig oberflächlicher

---

* Kant, *Prolegomena zu einer jeden künftigen Metaphysik, die als Wissenschaft wird auftreten können*, Werke in sechs Bänden, Band III, S. 242.

Mensch. Wenn Bildung dazu beitragen soll, uns vor einem zweiten Auschwitz zu bewahren, dann muß sie zu jenen Fragen ermutigen, ihnen Sprache geben, ihnen einen hohen Rang einräumen, damit die Menschen Zeit und Ernst auf sie verwenden. Bildung ist hier, wie in den meisten anderen Kriterien, eine Leistung der Gemeinschaft. Daß dieses fünfte Kriterium deutsche Deutsche und fremde Deutsche, Gläubige und Ungläubige verbindet, bekräftigt, daß die geforderte Bildungserfahrung eine gemeinsame sein muß, also nicht in getrennten und verschiedenen Einrichtungen und Veranstaltungen gemacht werden sollte.

Sechstens: Die Bereitschaft zur Selbstverantwortung und Verantwortung in der res publica. Ich hatte dies ein doppeltes Kriterium genannt – doppelt, weil Selbst-Verantwortung und Verantwortung in der *res publica* zwei verschiedene Dinge sind. Das Wort »Verantwortung« ist so bedeutungsschwer, daß wir den Sachverhalt gar nicht mehr wahrnehmen, den es meint. Bei »Selbstverantwortung« denken wir automatisch an Selbständigkeit – und die ist hier in der Tat im Spiel. Eigentlich wollen alle bisher von mir aufgestellten Maßstäbe sichern, daß der gebildete Mensch sich selbständig verhält: angesichts von bleibenden Widrigkeiten – nicht nur akuten wie Arbeitslosigkeit oder Asylantenparagraph oder AIDS. Die bleibenden Widrigkeiten sind nicht mit einzelnen Maßnahmen, Kenntnissen, Entscheidungen zu überwinden, sondern allein mit der ganzen Person. Sie muß ein Maß für Menschlichkeit, einen Anspruch auf Glück, die Offenheit von Geist und Seele, Selbstgewißheit durch Selbstprüfung haben, nein, nicht etwas *haben*, sondern etwas *sein*: menschlich, glücksfähig, geöffnet, selbstbewußt, weil weltbewußt, vernünftig und vernunftkritisch.

Soweit es sich um Selbständigkeit handelt, kann man das sechste Kriterium am besten negativ fassen. Der Satz: »Das hätten sie mir beibringen sollen; das hat mir niemand gesagt!« bezeugt, daß die Bildung an diesem Menschen nicht geleistet hat, was sie leisten soll. Der Gebildete nimmt seine Bildung selbst in die Hand. Daß er Schulen besucht, Rat und Belehrung, Anleitung und Kritik entgegennimmt, geprüft und diplomiert wird, schließt dies nicht aus. Aber sich das so Gebotene an-eignen – wirklich zu eigen machen – oder es abstoßen, das erst ist Bildung. Man muß, um dem zuzustimmen, kein Hegelianer sein und »die Bewegung der sich bildenden Individualität« als Moment des zu sich selbst kommenden Weltgeistes ansehen. Man kann mit dem Satz: »... das sich selbst erfassende Selbst vollendet die Bildung« vorlieb nehmen.*

Aber Selbst-Verantwortung ist mehr: Verantworten heißt (und damit bin ich bei der meistens übersehenen Grundbedeutung des Wortes) »Rechenschaft geben«, also jemandem Rede und Antwort stehen.

Warum soll ich eben das? So fragen viele Menschen – gleich, ob sie Drogen nehmen oder ihr Gehör zertrümmern oder ihre Ausbildung abbrechen oder ein Kind zeugen oder ein Kind abtreiben.

Die Antwort hierauf hat Jean-Jacques Rousseau mit seinem *Contrat Social* gegeben – und vor ihm viele andere, nur nicht so deutlich. Wir haben in ihm unseren *gedachten* Ur-Zustand (nach Rousseau war der Mensch »von Natur« frei, faul und einsam) eingetauscht gegen einen, in dem wir nicht mehr ganz frei sind, in dem wir arbeiten und mit anderen auskommen müssen. Der Vertrag sichert

---

* Georg Wilhelm Friedrich Hegel, *Phänomenologie des Geistes*, hg. von Johannes Hoffmeister, Hamburg 1952, S. 352 und S. 349.

uns dafür ein geordnetes, friedliches, gerechtes, planbares Leben. Das ist der *état civil* – die Zivilisation oder zivilisierte Gesellschaft. Die verfaßte Form heißt »Staat«.

Ich schulde meinen Mitbürgern Rechenschaft nicht für alles, aber für alles, was auch sie betrifft. Und ich bin insofern für mich verantwortlich. Ich kann und darf mich dabei nicht hinter andere verkriechen – Eltern, Lehrer, Vorgesetzte, Mehrheiten, meinen Stand, meine Familie, ja nicht einmal hinter das geltende Gesetz.

Das konstituiert zugleich die Pflicht aller, sich diese Aufmerksamkeit gegenseitig zu leisten und sie aufrechtzuerhalten, also eine Verantwortung für die gemeinsamen Regeln des Handelns, für den Gesellschaftsvertrag. Alles Mögliche können wir in unserer sehr freien Welt für uns, also selbst-bestimmt, verändern, austauschen, abwehren, aufnehmen, fallenlassen – aber nicht die Verpflichtung auf die *res publica*: Unsere Kultur ist in der Auffassung der alten Griechen und seit der Aufklärung (um nicht zu sagen: seit der Französischen Revolution) eine politische Kultur.

Das Gemeinwohl ist nicht als solches bekannt – nicht wie die Phasen des Mondes oder die Brunftzeit der Hirsche. Es muß mühsam ermittelt werden – und beständig aufs neue. Selbstzweifel und die dialogische Natur der menschlichen Vernunft legen uns dazu ein Verfahren nahe, das wir Demokratie nennen: die Sicherung des Überzeugungsprozesses unter allen Betroffenen. In der Demokratie sind wir sämtlich zu »Wächtern des Staates« berufen. »Politik« ist darum eine unentrinnbare Pflicht eines jeden – genauer: das *politeuein*, das Bürgersein und das Als-Bürger-Handeln in der *polis*.

Darum ist eine Bildung, die nicht zur Politik führt, mich also nicht zur Wahrnehmung meiner Rolle – oder Verantwortung – im Gemeinwesen angeleitet und befähigt hat, eben keine »Bildung«. Gemeint sind die Befähigung zur Prüfung, Erörterung, Beratung, Beurteilung politischer Sachverhalte und zur daraus folgenden Entscheidung; die Einsicht in die Weisheit oder Torheit von Prozeduren und Institutionen; die Bejahung von natürlichen Unterschieden; die Wahrnehmung von Macht, die ich ausübe und die ich erleide; die Tapferkeit gegenüber den Freunden, die Zivilcourage gegenüber den Vielen, den Oberen und Stärkeren.

Soweit die Maßstäbe für Bildung. Sie sind »unpraktisch«. Man ist in der Pädagogik ganz anderes gewöhnt – Indikativisches wie: Mit 15 Monaten läuft das Kind alleine; mit 18 Monaten kann es erste Wortketten oder »Sätze« bilden; mit 30 Monaten ist die Reinlichkeitserziehung abgeschlossen, nach dem ersten Schuljahr beherrscht es den Zahlenraum von 1 bis 10, nach drei Jahren Englisch verfügt es über 1000 Vokabeln ... Maßstab wird da wörtlich genommen: etwas, woran man mißt. Bewußtsein für Geschichtlichkeit, Wachheit für letzte Fragen, das Gefühl, für das eigene Glück verantwortlich zu sein, lassen sich nicht messen.

Das zu ermöglichen, sind meine Maßstäbe auch nicht da. Sie sollen helfen, beim Entwerfen und Verwirklichen von Bildungsplänen und -einrichtungen in die richtige Richtung zu schauen.

Ich will nicht leugnen, daß herkömmliche Schulen, Unterrichtsfächer und Richtlinien auch leisten können, was ich – meinen sechs Maßstäben zufolge – von der Bildung erwarte. Wie gesagt: alles kann bilden. Aber weil in den heutigen Bildungseinrichtungen Lehrbares und Meßbares im Vordergrund stehen, kommt fast nichts anderes zum Zuge; aus den hier in der Mathematik, da im Geschichtsunterricht, dort im Sport erbrachten Leistungen entsteht die gebildete, sich bildende Person nicht, jedenfalls nicht von allein und nicht leicht.

Sie entsteht auch nicht, wenn man meine sechs Maßstäbe zu Zielen macht und sie pädagogisch direkt angeht – sie »operationalisiert«, wie das Fachwort für diesen Vorgang heißt.

IV

Geeignete Anlässe

Wenn ich jetzt – von Fächern und ihren Gegenständen absehend – zehn ganz normale Lebenstätigkeiten aufführe, denen ich die gewünschte Bildung, den Anlaß zum Sich-Bilden zutraue, dann nicht, weil ich die Schule für überflüssig halte und ihre Tätigkeit schmälern will.

Ich führe diese bildenden Lebenstätigkeiten auch nicht an, weil ich meine, daß unsere Schulen von alledem nichts wüßten und keinen Gebrauch machten. Nichts von dem, was ich anrege, ist neu, nichts ist originell, und alles kommt irgendwo vor – nur meist nicht in der hier gemeinten und darzustellenden Funktion.

Ich tue dies schließlich auch nicht etwa, weil ich, wäre ich eine Art Schulpapst, diese zehn Bildungsanlässe oder -ursachen oder -mittel würde dekretieren wollen.

Ich tue es vielmehr, weil man an diesen weitgehend unverschulten Tätigkeiten sieht, was den Menschen wirklich bildet, wenn man »bilden« an den sechs dargestellten Maßstäben mißt (und nicht an den Gepflogenheiten der Schule). Ich tue es auch, weil ich dem Mißverständnis begegnen will, ich plädierte, indem ich für »Bildung« eintrete, für die Rückkehr zur reinen Unterrichtsanstalt, verriete also die Forderung nach der Schule als Lebens- und Erfahrungsraum und nach Chancengerechtigkeit.

Meine zehn Quellen von bildender Wirkung sind freilich so gewählt, daß sie in der Schule veranstaltet werden können. Andere, die ganz außerordentliche und oft außerordentlich positive Wirkungen tun wie Krise und Krankheit, Leid und Tod, Schuld und Entbehrung, Gefahr und Leidenschaft kann ich hier nicht behandeln, weil sie einer ausgreifenden Begründung bedürfen.* Gleichwohl kommen diese Anlässe auch unter den meinen vor, nur in anderer Gestalt: als vorgestelltes Erlebnis (ich hatte vorhin von vikarischer Erfahrung gesprochen) – als große Gegenstände der großen Literatur und des Films. Die Pädagogik von Kurt Hahn, der seine Schulen am liebsten an steiler Meeresküste anlegte und mit seinen Schülern auf hohe See ging oder ins Hochgebirge, damit sie Gelegenheit hätten, Menschen aus Todesgefahr zu retten, hat mich stets befremdet. Das Leben darf uns in solcher Weise heimsuchen oder herausfordern, die Pädagogik nicht.

Den zehn Ursachen, Anlässen, Mitteln widme ich unterschiedlich viel Raum, nicht weil die einen viel, die anderen wenig Aufmerksamkeit verdienen, sondern weil ich allen nicht gerecht werden kann. Ich will darum an den ersten beiden veranschaulichen, wie umständlich auch die übrigen begründet und mit Beispielen versehen werden müßten, denen ich dann kaum mehr als eine Umschreibung und Zuordnung zuteil werden lasse.

Ich beginne mit dem Bildungsanlaß »Geschichten«.

1. Geschichten. Die Menschen leben von Geschichten nicht weniger als von Brot, und die Menschheit hat sie vermutlich eher erfunden als dieses, sofern Sprache eher da war als das kunstvolle Mehlgebäck. Sprache hat drei

---

* Die ersten beiden hat Otto Friedrich Bollnow in seinem Buch *Existenzphilosophie und Pädagogik, Versuch über unstetige Formen der Erziehung*, Stuttgart 1959 (Kohlhammer Verlag) behandelt. Seine Liste der unstetigen Formen nimmt aber einen anderen Verlauf: Erweckung, Ermahnung, Beratung, Begegnung, Wagnis und Scheitern. Sein Buch freilich wäre eines von zehn Büchern, die ich jedem angehenden oder gestandenen Pädagogen zu diesem Thema in unserer Zeit empfehlen möchte.

Funktionen: Sie gibt kund (»Ich will dich lieben, meine Stärke, ich will dich lieben, meinen Gott«), sie löst etwas aus (»Nun singet und seid froh!«), sie bildet etwas ab, gibt etwas wieder (»Es begab sich aber zu der Zeit ...«). Alle drei Funktionen waren von Anfang an da, was auch immer die einen Linguisten gegen die anderen behaupten. Schon der Aufschrei »Weh!« drückt Leid aus, heischt Zuwendung und teilt eine Tatsache mit: »Hier ist einer, dem geht es schlecht«, was alsbald weitere Mitteilung verlangt: »Was hast du? Wer hat dir das angetan? Warum ...«

Geschichten sind Mitteilungen besonderer Art. Es gibt zwei Gründe, sie hören zu wollen und sie zu erzählen, und also zwei Typen von Geschichten: Die eine Art von Geschichten erzählt von etwas, was wir noch nicht kennen – Neuigkeiten, Noch-nicht-Dagewesenes, Interessantes – und unterhält und belehrt uns dadurch. Die andere erzählt etwas, was immer schon war, offenbart, deutet, bestätigt es und bewegt und bereichert uns dadurch. Sehr gute Geschichten verbinden beides. Und beides, weil es in Worten daherkommt – nicht sichtbar und nicht faßbar –, regt die Einbildungskraft des Hörers an, in dem das Erzählte neu entsteht. Dieser Vorgang bereitet Lust, die immer ein Anzeichen dafür ist, daß wir das brauchen, was sie auslöst.

Unser Abendland beginnt mit einigen archaischen Plastiken, Tonscherben, Resten von Gebäuden – und zwei großen Geschichten, die man die »Schule« jenes Volkes genannt hat, das sie erfand und sich unermüdlich erzählte: mit der *Ilias* und der *Odyssee*. Über das Entzücken und die Bewegung hinaus, die die geschilderten Ereignisse und Personen in allen Hörern und Lesern seither ausgelöst haben, »bildeten« sie diese auch – auf sehr unterschiedliche Weise. *Den Nachgeborenen* teilen sie mit, was diese ohne den »Homer« nicht wüßten: wie die Griechen 1000 Jahre vor Christus gelebt haben – ihre alltäglichen Verrichtungen und ihre außerordentlichen Ereignisse: Kriege und Mahlzeiten, Ratsversammlungen und Ackerbau, Götterfest und Kinderzucht. *Den Griechen selbst* teilten sie vor allem mit, wie man sein und handeln soll und wie sich das Leben, die Leiden und Glücksfälle der Menschen, die Geheimnisse und Wunder der Natur verständig erklären lassen. Man kann keine hundert Verse lesen, ohne auf ein Vorbild zu stoßen, auf etwas, was man in einem Wort aus ihrer Sprache Ideal nennt, und auf eine Deutung, auf etwas, was die Alten den Jungen als ihre Lösung eines Lebensrätsels weitergaben.

Hier eine Probe: Zehn Jahre nach der Zerstörung Trojas ist Odysseus immer noch nicht heimgekehrt. Sein Sohn Telemachos macht sich auf zu anderen griechischen Fürsten, die längst zu Hause sind, um nach dem Vater zu forschen. Er fährt mit seinem Schiff zuerst nach Pylos, der Hauptstadt der Messenier auf der Peloponnes, wo der alte Nestor regiert. Als er landet, halten die Messenier gerade ein großes Opfergelage am Strand. Telemachos zögert, als gänzlich Fremder da hineinzuplatzen, aber sein alter Begleiter Mentor – wir Zuhörer des Homer wissen: es ist Athene, die Göttin der Klugheit, die sich in die Gestalt des alten Freundes und Ratgebers verwandelt hat –, Mentor also schreitet ihm hurtig voran auf die Schmausenden zu, und so muß Telemachos folgen:

»Als die Messenier die Fremden erblickten, kamen sie alle,
Boten ihnen die Hand zum Gruß und hießen sie sitzen.
Erst trat Nestors Sohn Peisistratos näher zu beiden,
Faßte sie bei der Hand und bat sie, auf wolligen Vliesen
Niederzusitzen beim Mahl am sandigen Strande des Meeres.«

Dem Mentor wird ein goldener Becher gereicht; man fordert ihn auf, zu Poseidon zu beten und wie üblich vom Wein zu spenden, denn zu des Meeresgottes Ehren halte man dieses Mahl. Athene tut's – zum Entzücken der Hörer der Geschichte, die anders als die Gastgeber ja wissen, wer Mentor ist – und endet das Gebet mit der Bitte um glückliche Heimkehr für Telemachos und sich:

»Also betete sie und lenkte alles doch selber,
Reichte Telemachos dann den schönen, gehenkelten Becher,
Und so betete auch der liebe Sohn des Odysseus.
Als sie das Fleich nun gebraten und von den Spießen gezogen,
Teilten sie's allen umher und hielten herrliche Mahlzeit.
Und nachdem die Begierde des Tranks und der Speise gestillt
war,
Sprach der gerenische Greis, der Rossebändiger Nestor:
Jetzt erst ziemt es sich – nach der Erquickung des Mahles –,
Daß wir forschend die Fremden fragen, wer sie wohl seien.
Fremdlinge, sagt, wer seid ihr? Woher durchmeßt ihr die
Wellen?
Ist es wegen Geschäften? Durchkreuzt ihr planlos die Meere,
wie es wohl Räuber tun, die in irrendem Schweifen
Leib und Leben wagen, um anderen Unheil zu bringen?« *

So verhielten sich die Menschen vor 3000 Jahren gegenüber Fremden; so sollten sie es jedenfalls, will die Geschichte sagen, trotz des damals ungleich größeren Risikos. Wer diese Haltung vielfach in immer neuen Lagen mitempfunden hat, den bildet dieses Bild – dieses und

---

* *Odyssee* III, 34 – 71, in der Übersetzung von Thassilo von Scheffer; drei Verse, die mir bei jenem besser gelungen schienen, habe ich der Übersetzung von Johann Heinrich Voss entnommen.

viele andere in der großen Geschichte. Und ein Vergnügen ist es außerdem zu sehen, was für staunenswerte Dinge es in der Welt gibt und wie Klugheit forsch und freundschaftlich, hilfreich und ironisch sein kann – eben wie die Gottheit Athene.

Nicht nur die alten Griechen haben sich an solchen Geschichten gebildet und zugleich ein Bild von der Welt gemacht – andere Völker besitzen ähnliche Geschichten und gebrauchen sie ebenso, an einigen Stellen der Erde bis in unsere Zeit.

Das erstaunlichste Beispiel dafür, daß und wie der Mensch Geschichten braucht, ist die Bibel – die Aufzeichnungen eines Volkes von seinen Erfahrungen mit Gott. Diese Erfahrungen sind dadurch zur Geschichte Israels geworden, d. i. zu seinem unumkehrbaren Schicksal, seinem Werdegang, seiner »Bildung« im ursprünglichsten Sinn. Die Bibel war und ist Erinnerung, Selbst-Vergewisserung, Lebensgesetz, Weltdeutung – und in alledem das, was man mit einem dunklen Wort Offenbarung nennt: Wenn Menschen sich das alles über die Zeiten hinweg erzählen, ist es in der Tat, als spräche Gott über seine Pläne – Aussage des Ganzen über sich selbst. (Ich bleibe bei meiner Wortwahl, obwohl ich weiß, daß die Bibel weniger erzählt als gelesen oder verlesen wurde.) Das geschieht nicht durch Wörter, sondern durch die in ihnen mitgeteilten Sinnfiguren. Das griechische Wort hierfür ist »Mythos«.

Mythoi, Geschichten, Haggada (der erzählende Teil der talmudischen Schriften), die Legenden der Christenheit, die Volks- und Hausmärchen sind in der Neuzeit von den Erklärungen und Auslegungen, von empirischer, diskursiver und analytischer Erkenntnis an den Rand unserer Vorstellungswelt gedrängt worden – Kuriosa, Antiquitäten, Unterhaltung. Wenn heute Menschen das Gefühl von

Richtungslosigkeit haben, dann unter anderem, weil ihnen die elementaren Ordnungen abgehen, die die Geschichten in die Erfahrung bringen, die im Alltag wiederkehrenden Sinnfiguren.

Auch Wissenschaft ordnet. Die Aufteilung der Welt in Disziplinen ist ein Beispiel dafür. Aber da sie sich um eine objektive Darstellung und Erklärung der Dinge bemüht – also darum, wertfrei zu sein –, kann sie niemandem sagen, welchen Weg er gehen, welche Wahl oder Entscheidung er treffen soll. Sie kann helfen zu erkennen, in welcher Lage er wirklich ist, welche Möglichkeiten der Veränderung es gibt, welche Widersprüche oder Vieldeutigkeiten einstweilen nicht auflösbar sind, was voraussichtlich welche Folgen haben wird, wenn einer X oder Y oder Z tut, wovon ihm gesagt ist, daß es »gut« sei. Die Orientierungshilfe, die die Wissenschaft damit gibt, ist erheblich – ihre Ordnungen werden freilich immer s.v.v. unordentlicher, je näher sie der Wirklichkeit kommen. Übersichtlichkeit, Eindeutigkeit, Einprägsamkeit der Figuren, gar Symmetrie erkauft sie mit Leere. Schulleute kennen die fabelhaften Schemata und Raster der allgemeinen Didaktik. Die »Wissenschaft der einzelnen Unterrichtsstunde« ist jedoch notwendig schmuddelig und die »Wissenschaft des täglichen Lebens« so kompliziert, daß sie diesem nicht helfen, sondern es nur behindern würde.

Was das Wort »Sinnfigur« meint, will ich an einer von ihnen erläutern: der unlöslichen Zusammengehörigkeit von Geschwistern – in Liebe, Treue, Verschiedenheit, Rivalität. Ich verlasse dafür die Bibel (in der es von Kain und Abel über Absalom, Amnon und Thamar bis zum Verlorenen Sohn oder zu Martha und Maria viele Geschichten dazu gibt, die aber alle eigentümlich, raffiniert und realistisch von dem Verhältnis zum Vater oder zum Herrn überlagert sind) und greife zu den Märchen der Brüder Grimm.

Viele Kinder haben keine Geschwister, manche haben ihrer zuviele; manche leiden unter ihnen, manche haben darin die eine bleibende verläßliche Beziehung erfahren. Hänsel und Gretel, Jorinde und Joringel, Brüderchen und Schwesterchen, Frau Holle, Die Sieben Raben, Aschenputtel, Die zwei Brüder, Die drei Brüder, Die vier kunstreichen Brüder, Schneeweißchen und Rosenrot – sie und viele andere variieren das Thema der Brüder und der Schwestern, die sich lieben und einander um nichts in der Welt im Stich lassen, oder zu verschieden sind, um miteinander zu leben, oder gegeneinander ausgespielt werden oder sich aus dem Auge verlieren, sich wiederfinden – und so oder so fester zueinander gehören als alle anderen Menschen. Welch eine Schule des Sehens und Verstehens und der Selbstprüfung! Diese Geschwistergeschichten ersetzen ganze soziologische und psychologische Bibliotheken zu dieser Beziehung und sind doch zugleich mehr: indem sie als Bilder auch unseren Empfindungen zusetzen.

Meine Generation ist noch mit den biblischen Geschichten und Grimms Märchen aufgewachsen. Unsere Psychologen sagen uns, wozu das gut war, ja, warum dies weiterhin notwendig wäre. Ich kann hier nur behaupten (und hoffen, daß meine Leser dies plausibel finden), daß, wer – mit jenen sechs Maßstäben im Kopf – die richtigen Märchen aussucht und sie seinen Kindern immer und immer wieder erzählt, ihnen hilft, starke Personen zu werden. Die Kinder bilden dabei ihre Vorstellungen ja nach eigenem Bedarf aus; sie können Befreier oder Opfer sein, Rächer oder Ratgeber, Prinz oder Aschenputtel; und sie fallen nie – das ist die Weisheit des Märchens – ins Bodenlose; immer fängt sie eine gültige Ordnung auf; und anders als in der wirklichen Erfahrung ist sie erkennbar und eindeutig.

In den rund zweihundert Märchen der Brüder Grimm gibt es zählbare zwei Dutzend Hauptthemen, nicht sehr viel mehr jedenfalls, und es sind die, die das menschliche Gemüt zu allen Zeiten am meisten beschäftigt haben.

Geschichten sollten immer von Personen erzählt werden. Schon wer sie vorliest, tut es in der Regel mit mehr Kunst als unmittelbarer innerer Teilnahme. Wenn die Geschichte von einem Dichter erdacht und niedergeschrieben worden ist, wird man sie nicht nacherzählen wollen, weil es auf die Art seiner Darstellung ebenso ankommt wie auf das Dargestellte, ja, weil diese nicht voneinander zu trennen sind. *Jakob der Lügner* – das ist nicht diese von jedem nacherzählbare Handlung, das ist vielmehr, *wie* Jurek Becker sie erzählt. *Fabula* und *narratio*, die Begebenheit und die Erzählweise, sind eins. Solche Geschichten muß man vorlesen, das ist nicht leicht und geschieht nur noch selten. Die Verschiedenheit unserer Zeitpläne in der ökonomisierten, arbeitsteiligen Welt erlauben es nicht.

So bleiben die Geschichten dem Selbst-Lesen, einem wunderbaren, aber einsamen Vorgang vorbehalten – oder (heute) dem Film, in dessen Natur es freilich liegt, daß die Geschichte hinter dem Erleben der Geschichte, den Schauwonnen, dem schnellen Wechsel der Orte und Perspektiven, den Darstellungskünsten, der psychologischen Verfeinerung der Charaktere, den Spannungseffekten zurücksteht. Filme, deren Geschichte so stark ist, daß sie einfach »erzählt« werden kann und nicht inszeniert werden muß, sind selten. Ich nenne ein Beispiel: *Das Heimweh des Walerjan Wrobel*. Im Jahre 1939 wird ein fünfzehnjähriger polnischer Junge von den Deutschen nach Friesland verschleppt, um auf einem Bauernhof als Ersatz für den zum Kriegsdienst eingezogenen Mann oder Sohn zu arbeiten. Er ist bemüht, alles richtig zu machen; er wird frostig behandelt; er hat Heimweh. Eines Tages zündet er in einer Scheune ein Feuer an, das er sofort zu löschen hilft, – in der ungenauen Vorstellung, man werde ihn daraufhin als untauglich oder gefährlich nach Polen zurückschicken. Statt dessen kommt er ins KZ und wird nach § 3 der Volksschädlingsordnung zum Tode verurteilt und hingerichtet. Die Geschichte – sie hat sich so zugetragen – handelt von einer Untat der NS-Justiz; aber die wäre in sieben Minuten benannt, erklärt, überführt. In den weiteren eineinhalb Stunden *erzählt* der Film von etwas anderem – von etwas, das in Hunderten von Untersuchungen über die Schuld des deutschen Volkes nicht so genau und überzeugend dargestellt worden ist: von der schieren Herzlosigkeit der mit sich befaßten, in den Kerker ihrer Selbstgerechtigkeit eingeschlossenen, durch kein Gespräch untereinander erlösten Deutschen. Wer diese Geschichte gesehen und gehört hat, der wird sie nicht vergessen, der muß sein Leben ändern.

Ob gelesen, vorgelesen, frei erzählt, geschaut: die Welt der Geschichten enthält alles, was wir an geistiger Nahrung brauchen. Daß wir in der Lage sein müssen, diese Nahrung zu kritisieren, zu bewerten, und, wenn geboten, von uns abzuwehren, steht auf einem anderen, dem nächsten nun aufzuschlagenden Blatt. In diesem Abschnitt ging es um die Ermutigung zu einer normalen Tätigkeit von großer Bildungskraft, die wir in der Schule auf drei Deutschstunden abgedrängt und dort gründlich ihrem eigentlichen Sinn entfremdet haben. Es ist merkwürdig, wie wenig Zutrauen die zuständigen Lehrer oft zu ihrem eigenen Gegenstand haben. *Kannitverstan* oder *Der Schimmelreiter* oder *Von Menschen und Mäusen* oder *Die Lei-*

den des jungen Werthers wirken doch unmittelbar, bedürfen der philologischen Interpretation und historischen Einordnung nicht, die den Schülern das Lesen und Zuhören verleiden. Hier muß man nur eines lernen, das Zuhören. Und das lernt man, wenn viel, mit Selbstverständlichkeit und gut erzählt oder vorgelesen wird. Gut heißt vor allem: mit eigener Freude am Vorgetragenen.

Vollends haben wir das Selber-Erzählen aus unserem Leben verbannt, es auf Mitteilung und Geplapper reduziert. Erzählen wie die Dichter oder die alten Leute von einst – mit Gestalt und Pointe –, das werden wir nur lernen, wenn wir es für Zuhörer tun, an deren Aufmerksamkeit und Zuwendung uns gelegen ist. Die Bielefelder Laborschule hat daraus in den ersten sechs Jahrgängen eine eindrucksvolle Gewohnheit gemacht, die viel Zeit beansprucht und einen überwältigenden Ertrag ausschüttet.

2. *Das Gespräch.* »Was ist herrlicher als Gold, fragte der König? Das Licht, antwortete die Schlange. – Was ist erquicklicher als Licht? fragte jener – das Gespräch antwortete diese.« (Goethe, *Das Märchen*, Münchner Ausgabe, Band 4.1, 1988, S. 524). – Das wäre ein Grund gewesen, das Gespräch an die erste Stelle meiner Bildungsanlässe und -mittel zu setzen. Aber deren Reihenfolge drückt mitnichten eine Rangfolge aus. Ich habe nur mit der längsten Anregung beginnen wollen. Ein sachlicher Grund dafür, daß ich dem Bildungsmittel »Geschichten« das Bildungsmittel »Gespräch« wenigstens als zweites folgen lasse, hat sich eben gezeigt: Was mit bezwingenden Bildern, wiederkehrender Ordnung und gestalteter Sprache unmittelbar in uns eindringt, darf nicht ungeprüft Macht über unsere Seele gewinnen. Prüfung setzt Distanz und Vergleich voraus. Man muß sich aus dem Bann der Sache lösen, und

man muß ihr etwas gegenüberstellen. Damit wir nicht unserer Voreingenommenheit erliegen, bedienen wir uns dazu einer anderen Person: »Wie findest du ...?« so gehen unendlich viele Gespräche an, in denen wir die Bestätigung einer Gewißheit oder eines Zweifels durch die Ansicht eines Mitmenschen suchen. Das ist die wichtigste Leistung des Gesprächs, auch wenn wir es gar nicht in diesem Bewußtsein oder in dieser Absicht führen, sondern um der gegenseitigen Unterhaltung oder notwendigen Mitteilung willen.

Sokrates war überzeugt, daß der Mensch sich überhaupt nur im Gespräch der Wahrheit nähere, und aus dem Dialog machte Platon ein erkenntnistheoretisches System, das er Dialektik nannte: Man redet über eine Sache, um sie genauer zu erkennen, nimmt sie dabei auseinander = *dihairesis* (»Ich finde die *Absicht* dieses Gesetzes gerecht, die *Folge* aber ungerecht ...«) und führt die Teile am Ende wieder zusammen = *synagoge* (»Das ideale Gesetz hat die unbeabsichtigten Folgen mitbedacht«) – »am Ende«, wenn es eines gibt! Die frühen Dialoge von Platon-Sokrates münden in Aporien, Widersprüchen, dem Anfang eines neuen Gesprächs. Und doch sind alle Beteiligten daran klüger geworden, nicht nur vorsichtiger oder zynisch.

Man wird sagen: Das Gespräch müssen die Pädagogen nicht in die Welt einführen; es ist doch da. Nichts tut der Mensch so ausgiebig wie reden, und natürlich redet er meistens mit anderen, nur selten mit sich selbst. Aber nicht jedes Miteinander-Reden ist Gespräch. Und oft sieht es nur so aus, als ob man miteinander rede. Meist redet einer zu vielen, die keine Gelegenheit haben zu antworten. Das nimmt im Zeitalter der gesellschaftlichen Organisiertheit und der Medien zu. Schon vor vielen Jahren hat mir Ivan

Illich von einer Untersuchung erzählt, deren Ergebnis etwa dies war: Noch am Ende des vorigen Jahrhunderts seien von 100 Wörtern, die gesprochen wurden, 90 an *eine* Person direkt gerichtet gewesen, 10 waren allgemeine Verlautbarung an viele; heute sei das Verhältnis umgekehrt.

An dieser Umkehrung wirkt die Schule kräftig mit. Der Frontalunterricht – man hat das für die einzelnen Schularten untersucht – ist zwar zurückgegangen zugunsten von Projektarbeit, Einzelarbeit, Freiarbeit und Gespräch. Aber ein großer Teil von diesem ist gar kein Gespräch, sondern, wie die Kinder sagen, Gelaber – ein Ausstreuen von Meinungen, Zustandsbekundungen, zufälligen Kenntnissen; man geht nicht auf den anderen ein, kann es meist nicht, weil die Runde zu groß ist und man nicht dann drankommt, wenn das eigene Argument dran wäre. An professionellen öffentlichen Podiumsdiskussionen hat man gelernt, daß man das hinnehmen muß. Also haben die Pädagogen – nicht ohne sich auf Platon-Sokrates zu berufen – das »Unterrichtsgespräch« eingeführt und, da dies stets auszuufern droht, das »gelenkte Unterrichtsgespräch« erfunden. Dem aber fehlt, was das Gespräch im kleinen Kreise zum platonischen Bildungsmittel macht: die, mit Verlaub, »strenge Offenheit«, die auch zum Scheitern führen kann und jedenfalls weder Irrgänge noch mäandrische Schleifen noch kühne Sprünge vermeidet, an denen wir mehr lernen als durch fahrplanmäßige Ankunft am Ziel.

Diese Betrachtung ist für manche sicher unbefriedigend, weil damit das Gespräch »funktionalisiert« werde. Nun, es ist keine enge Funktion, die dem Gespräch hier zugeschrieben wird: Ihr Wirkungsfeld reicht vom Runden Tisch in der Politik bis zum Diskurs als Bedingung und Quelle der Ethik. Aber soviel ist richtig, daß das Gespräch nicht nur die Alltagsform der philosophischen Dialektik ist; es ist immer auch gegenseitige Zuwendung von Personen, ein Vehikel der Geselligkeit, eine Chance der Selbstentfaltung, ja Selbstdarstellung. Und auch das »bildet« im Sinne meiner sechs Maßstäbe. Was dem in der Pädagogik im Wege steht, sind die Zielstrebigkeit und die Ökonomie, mit denen sie sich von der Gesellschaft hat anstecken lassen. In der effizienten, durchrationalisierten, »verkienbaumten« Schule kann das Gespräch und darum die mit ihm verbundene Bildung nicht gedeihen.

Vielleicht, wenn wir aufgrund von Sparzwängen weniger Schule hätten, fänden sich auch bei uns die Platane am Ilissos – jedenfalls eine Entsprechung dazu – und ein Sokrates, der dort mit den jungen Leuten über Gott und die Welt und ihr Seelenheil redete. Ich fürchte freilich, den würden wir bald so verdächtigen, wie es die Athener mit dem Ihren taten. Und das nicht, weil wir meinen, unsere gesellschaftlichen Ordnungen würden durch das freie Philosophieren zerstört – unser freiheitliches System ist gegen alles gefeit, vollends hiergegen –, nein, vielmehr, weil ein einigermaßen echter Sokrates nicht examiniert und nicht beamtet wäre und gewiß nicht in der Gewerkschaft für Erziehung und Wissenschaft organisiert. Nicht was er tut, sondern ob er berechtigt ist, es zu tun, beschäftigt uns. Wir haben doch diplomierte Sozialpädagogen, Freizeitanimateure und *street workers*. Da kann nicht ein x-beliebiger daherkommen und ihnen die Jugendlichen wegschnappen!

3. Sprache und Sprachen. Um Gespräche führen zu können und dies auch noch mit Freude, muß man seine Sprache beherrschen. Das tut so gut wie jeder – er lernt und übt es ja dauernd und hält es darum für selbstverständlich.

Nur wenn einer in einem Dialekt aufgewachsen ist, muß er die eigene Hochsprache ausdrücklich lernen. Er gebraucht sie bewußt, und das macht ihn zunächst unsicher, dann aber kritisch und produktiv. Das ist es, was die Fremdsprachen in der Menschenbildung auszeichnet. Viele Fremdsprachenlehrer freilich wollen davon gar nichts wissen; sie haben vor allem in den modernen Fremdsprachen deren flüssigen, gerade durch kein Bewußtsein gehemmten Gebrauch im Sinn. Das ist ein richtiges Prinzip für den Anfang des Sprachenlernens, aber nicht für dessen Vollendung, ja, dann wird daraus ein Versäumnis an der eigenen Sprache. Die verfeinert sich und gewinnt im ständigen Vergleich mit der anderen und im Rückgriff auf den gemeinten und insofern gemeinsamen Gegenstand einerseits und die neutralen und insofern gemeinsamen Strukturen der Grammatik andererseits. *Happy* und *happily* nötigen mich, zwischen glücklich als Adjektiv und glücklich als Adverb (also »glücklicherweise«) zu unterscheiden; mein Denken wird genauer und reicher; meine Sprache klarer und treffender; ich produziere weniger Mißverständnisse oder kann diese doch eher aufklären, wenn sie denn sprachlich verursacht sind.

Diese Wirkungen stellen sich auch im Gespräch mit dem Engländer oder Franzosen oder Russen ein; sie entfalten sich erst voll beim Übersetzen. Übersetzen ist die interessanteste und anspruchsvollste geistige Übung überhaupt, und als man Latein nicht mehr zu sprechen lernte, man also immer in beiden Richtungen übersetzen mußte, hat man von ihm eben diese Wirkung erwartet – mit Recht, hätte man nicht gleichzeitig behauptet, nunmehr »lese« man Horaz oder Tacitus. Das tat man mitnichten; man hat die Oden des einen zu jeweiligen Belegen grammatischer Regeln erniedrigt und die Geschichten und Geschichte des anderen nicht als solche und als Ganzes aufgenommen. Einen derartigen Widerspruch hält kein Bildungsgegenstand lange aus. Nun stirbt Latein an deutschen Schulen.

Insofern tut man gut, die bildende Wirkung dem Gebrauch der fremden Sprachen, dem Ernstfall selbst zu überlassen. Es ist ein Gemeinplatz, daß, wer in unserer zum *global village* zusammengewachsenen Welt viele Sprachen spricht, einen Vorteil vor anderen hat. Wenn er sie so gut lernt, daß er in ihnen wie in einer Muttersprache denken kann, hat er nicht nur einen Vorteil, sondern einen Gewinn – den Gewinn der Freiheit auch der eigenen Sprache gegenüber, die unser strengstes geistiges Gehäuse ist. Darum sind Reisen ins Ausland, Begegnungen mit Ausländern, ausländische Filme in der Originalsprache immer bildend im Sinn der sechs genannten Maßstäbe: sie stärken die Person in ihrer Beziehung zur Welt.

4. *Theater*. Das geläufigste Mittel zur Aneignung der Welt ist die Benennung, ist Sprache. Das wirksamste ist es nicht, es ist nicht einmal das ursprünglichste. Ich habe einmal einen Film über Kinder und Kunst gedreht. Ein kleiner Abschnitt davon war einem Experiment gewidmet: Ich habe ein halbes Dutzend Kinder zwischen vier und fünf, im Vorschulalter also, in einen Raum eines Museums gelassen, in dem große Renaissance-Bilder mit Darstellungen von mythologischen Begebenheiten, höfischen Szenen und dramatischen Schlachten hingen. Die Kinder wurden gleichsam mit »versteckter Kamera« beobachtet – und alleingelassen. Sie verstreuten sich sofort über den ganzen Raum, betrachteten hin- und hergehend das eine und das andere Bild, und dann, plötzlich, ging dieses Kind auf vier Beinen, reckte sich jenes zum Riesen, zog ein drittes eine

schreckliche Grimasse. Wenn man genau hinsah, erkannte man, daß sie ein Tier oder einen Menschen auf dem Bild nachahmten. Ich habe das als ihre Art, sich mit dem Bild bekanntzumachen, als ihre Aneignung des Gegenstandes verstanden, da, wo wir Erwachsenen Zuweisungen vornehmen, Namen und Erklärungen geben.

Das ist ein Feld, von dem ich nicht viel verstehe. Aber vom Theaterspielen verstehe ich etwas und behaupte, daß, wenn ein Mensch einen anderen darzustellen sich bemüht und nicht nur den Schauspieler nachmacht, der diesen spielt, er einen ungeheuren Schritt zur Erweiterung und Vermenschlichung seiner selbst tut. Ja, ich behaupte darum, daß das Theaterspiel eines der machtvollsten Bildungsmittel ist, die wir haben: ein Mittel, die eigene Person zu überschreiten, ein Mittel der Erkundung von Menschen und Schicksalen und ein Mittel der Gestaltung der so gewonnenen Einsicht.

Es ist gut, daß in unseren Bildungsanstalten immer häufiger Theater gespielt wird, wenn auch oft nur, um ein Schulfest mit einem präsentablen Ereignis zu versehen oder um dem von der modernen Didaktik gebotenen sogenannten »Projektansatz« zu genügen. Es müßte umgekehrt sein: Weil Theater wichtig ist, richten wir Projektwochen und zu seiner Aufführung ein Schulfest ein. Daß die Aufführung eines Stückes die Forderung der Ganzheitlichkeit und der Vielseitigkeit der Betätigungen erfüllt, sichert ihr einen wichtigen Platz in der modernen Schule; daß sie die eigentliche Probe auf die Interpretation eines Stückes ist, hätte ihr einen ebensolchen Platz in der alten Schule sichern können; daß sie »bildet« und großes Vergnügen bereitet, sichert ihr einen festen Platz in unserem Leben und diesen hier auf meiner Liste. Ich traue mir die Einrichtung einer alle Bildungsansprüche befriedigenden

Schule zu, in der es nur zwei Sparten von Tätigkeiten gibt: Theater und *science*. Es sind die beiden Grundformen, in denen der Mensch sich die Welt aneignet: subjektive Anverwandlung und objektivierende Feststellung. So, wie sich das eine auf alle Verhältnisse erstreckt, die sich versachlichen lassen, so das andere auf alles, was sich vermenschlichen läßt. Beide zusammen können alles umfassen, was Menschen erfahren und wollen, können und wissen. Beide haben eine (je andere) versichernde Wirkung und können dadurch zu einer Falle werden – hier die der Verdinglichung aller Verhältnisse, dort die der Illusion –, wenn es das jeweils andere nicht gibt. Und beides wird es wohl immer geben. An der einen Gewißheit: daß sich die Menschen weiterhin die Dinge verfügbar zu machen suchen, indem sie Gesetze herausfinden, ist nicht zu zweifeln. Der anderen hingegen muß man nachhelfen: daß es den Menschen guttut, wo immer sie gesellig vereint sind, auch Theater zu spielen, weil es Lust bereitet, frei zu sein, wandelbar, unbelangbar, unberechenbar, Schöpfer seiner selbst und einer eigenen Welt – in ebendem Maß, in dem die gesellschaftliche Entwicklung sie auf Berechenbarkeit festzulegen sucht und in dem das professionelle Theater das Spiel durch Konstruktionen ersetzt.

5. *Naturerfahrung.* Ich habe ein vieldeutiges Wort gewählt. Ich will es begründen. Auf die Frage, was er unter »Natur« verstehe, antwortet ein nachdenklicher Zeitgenosse vielleicht: »Das läßt sich nicht mit einem Wort sagen. Es kommt darauf an, in welcher Beziehung ich mich mit ihr befasse: als einem Anlaß von Freude, als einem Objekt meiner Neugier, als einer Grundlage meiner Existenz.« (Mit dem letzteren will er nicht sagen, er sei Gärtner oder Hühnerzüchter oder Jäger; er ist nur, wie wir

alle, Verbraucher von Lebensmitteln und Rohstoffen, die ja sämtlich aus der Natur stammen, auch wenn sie meist nur auf Umwegen über eine sie verarbeitende Industrie zu uns gelangen.) Seine Antwort beginnt mit einer Zerlegung (man erinnert sich vielleicht: *dihairesis* bei Platon), aber ihr wird – typisch für unsere Denkart – keine Zusammenführung (*synagoge*) gelingen. Die Natur ist für uns liebliche oder gewaltige oder exotische Landschaft, die wir an Wochenenden oder in den Ferien aufsuchen; wir studieren sie im Klassenzimmer oder im Labor oder mit Hilfe von Fernrohren, Luftaufnahmen, Forschungsschiffen; wir beuten sie gründlich aus und versuchen sie im Gegenzug systematisch zu schützen.

Eine nicht in solche Beziehungen oder Perspektiven zerlegte, nicht durch Instrumente verfremdete Erfahrung mit der Natur müssen wir in unserer Welt eigens herstellen – und die wird immer eingeschränkt, ein Kompromiß, eine Künstlichkeit bleiben. Kein heutiger Beruf lebt in dem gewünschten Sinn »mit der Natur« – kein Landwirt und kein Fischer, kein Förster und kein Gärtner; sie können es nur im Rahmen ihrer wirtschaftlichen Zwecke; sie sind die Erfinder der Schädlinge und des Unkrauts.

In der so weitgehend verstädterten, verwissenschaftlichten, technisch vermittelten Zivilisation muß man mit der noch möglichen Naturerfahrung vorliebnehmen, die sich zum Beispiel die Wanderer, die Bergsteiger, die Segler, privilegierte Tierliebhaber mit großem Grundstück, die glücklichen Besitzer einer Hütte im Wald oder am See verschaffen. Ich weiß, ich weiß! Es gibt den schrecklichsten Mißbrauch. Aber der läßt sich vermeiden.

Wenn wir unsere Kinder in die Natur mitnehmen, ihnen zumuten, draußen zu schlafen, und zutrauen, sich wie ein Teil der Natur zu verhalten; wenn wir mit ihnen Murmeltiere beobachten (wozu man sehr geduldig und still sein muß) oder eine Igelfamilie (was erfordert, daß man abends lange aufbleibt und die Augen gut anstrengt und dies oft auch noch vergeblich); wenn wir mit ihnen den Himmel bei Tag und bei Nacht studieren; wenn wir sie Insekten sammeln und wieder aussetzen, Bäume beklettern, ein Wasser stauen lassen; wenn wir ihnen im Schrebergarten eine Ecke zur eigenen Kultivierung zuweisen; wenn Städte und Schulen ihnen gar ein Stückchen rohes Gelände (statt der sterilen Sandkästen und der mit Totempfahl und Blockhaus möblierten Abenteuerspielplätze) einräumen; wenn sie eigene Meerschweinchen oder einen Hund halten dürfen – dann wird nicht nur ihre »naturwissenschaftliche« Neugier daran wachsen, sondern auch ihre Rücksicht auf die übrige Kreatur. Ja, vielleicht wird ihnen etwas von dem Staunen und der Dankbarkeit des Dichters des 104. Psalms zuteil. Er hat die Welt nicht nur als Vorhandenes und Ge-wordenes, sondern als Schöpfung wahrgenommen:

Du hast den Mond gemacht, das Jahr danach zu teilen;
 die Sonne weiß ihren Niedergang.
Du machst Finsternis, daß es Nacht werde; da regen sich
 alle wilden Tiere,
die jungen Löwen, die da brüllen nach Raub und ihre
 Speise suchen von Gott.
Wenn aber die Sonne aufgeht, heben sie sich davon und
 legen sich in ihre Höhlen.
So geht dann der Mensch an seine Arbeit und an sein
 Werk bis an den Abend.

Aus dem Staunen *mag* nicht nur, daraus *soll* Neugier her-vorgehen und aus dieser das methodische Erforschen der Natur. Es gibt nichts zu beanstanden, wenn *das* der Anlaß der Naturwissenschaft ist und nicht die Habgier und die Herrschsucht.

Meine Eltern besaßen eine Aktie des Berliner Zoologischen Gartens. Die Dividende wurde uns in Form von Dauerkarten ausgezahlt. In bestimmten Jahren verging keine Woche, in der ich nicht wenigstens zweimal mit meinen jüngeren Geschwistern den Zoo besuchte. Durch die Häufigkeit der Besuche wurde aus dem Staunen und der Belustigung von allein ein sorgfältiges Beobachten, ein vielseitiges Vergleichen, ein sich fortzeugendes Verstehen – Anlaß zu wissenschaftlichen und philosophischen Fragen. Seither suche ich hinter der Nützlichkeit und Kuriosität der Natur auch nach ihrer Natürlichkeit und damit Fremdheit und grüble der Natur in mir nach.

Wenn ich heute in den Zoo gehe, bestätigen mich die anderen Zoobesucher in meiner Behauptung: Das Betrachten der Tiere mache uns heiter und nachdenklich – und friedlich! Wo sonst behandeln Eltern ihre Kinder so verständnisvoll wie angesichts anderer Lebewesen, die sich nach ihrer Art verhalten und uns unverständlich sind! Und wo sonst erfahren wir so beschämend, was wir den Mitgeschöpfen antun, wenn wir sie ihrer »Natur« berauben und unseren Zwecken unterwerfen!

Auch wenn wir die Natur unter einem bestimmten Gesichtspunkt angehen, machen wir »Erfahrungen« mit ihr – Erfahrungen, die uns in irgendeiner Weise »bilden«. Meistens freilich treiben sie uns in der Beziehung voran, in der wir uns der Natur anfänglich genähert haben. Eine Bildung, die meinen sechs Maßstäben genügt, verspreche ich mir nur aus einer Erfahrung, die interesselos und realistisch ist, also die unmittelbare Freude mit dem unmittelbaren Wissensdrang verbindet und beides mit dem Bewußtsein unserer Abhängigkeit und Verantwortung.

6. Politik. Über nichts habe ich als Pädagoge und Publizist so viel geschrieben wie über die Notwendigkeit, junge Menschen auf das Leben in der *polis* vorzubereiten. Von allein lernt man das bei uns nicht – weder unsere *polis* noch die in ihr getriebene Politik »bilden«; sie sind zu komplex; sie bleiben darum unverständlich oder sie verführen zu falschem Gebaren (das man für Politik ausgibt) oder sie stoßen ab. Die täglich am Fernsehschirm erfahrbare Politik als Quelle, Anlaß oder Mittel der politischen Bildung setzt einen Maßstab für ihre Beurteilung voraus. Die gewollte gemeinsame Regelung gemeinsamer Angelegenheiten ist das nicht. Und von der nur ein theoretisches Wissen zu haben verleitet zu Schulmeistereien, befähigt nicht schon zu besserem politischem Handeln.

Im alten Griechenland – in Athen wie in Sparta – und im alten Rom war das anders. Ein junger Mensch konnte die sich in der Öffentlichkeit – vornehmlich in Rede und Gegenrede abspielende – Politik verstehen und sich ein Urteil über die Prinzipien, Probleme, Prozeduren und die agierenden Personen machen, sofern man die dafür notwendige Aufmerksamkeit und Geduld aufbrachte. Den Briefen des jüngeren Plinius und den Viten des Sueton und des Plutarch entnehmen wir, daß die Söhne von Stand ihre Väter in die Kurie begleiteten, daß ihre Einführung in die Politik im Alter von sechzehn dann einem Freund der Familie übertragen wurde (wohl um die politischen Konflikte nicht durch den Vater-Sohn-Konflikt zu überlagern), ja, daß sie ein förmliches *tirocinium fori*, ein politisches Praktikum oder Volontariat, durchliefen, bevor sie in den Heeresdienst traten. Die Verhältnisse und anstehenden Entscheidungen waren überschaubar, konnten in der Regel für sich betrachtet und gelöst werden. Man konnte durch bloße Beobachtung lernen – sich vorstellen, wie man selber handeln würde, und an den Folgen in der Wirklichkeit ablesen, ob man damit richtig oder falsch lag.

Heute wissen zwar viele Jugendliche ebensogut Bescheid wie die Erwachsenen, was es in der Welt für Schwierigkeiten gibt – vornehmlich aus dem Fernsehen –, aber das nützt wenig oder nichts, wie es ja auch uns Erwachsenen nichts nützt, daß wir über das Ozonloch, Amigos, Hunger in der Welt, die vielen Tschernobyls »informiert« sind. Man muß wissen, wie sie miteinander zusammenhängen – und mit den vielen anderen Tatbeständen, zu denen es einfache und deutliche Meinungen (wie zu den genannten) nicht gibt: Arbeitslosigkeit und Rezession, die Verwirklichung Europas und die Interessen der Nation, der Zerfall der GUS und das Dauerelend Afrikas, Rechtsstaat und Gerechtigkeit, Freiheit der Wissenschaft und ihre Verantwortung, die Aufgabe der Schule und ihre Wirklichkeit, der Nutzen von Organbanken und ihr Mißbrauch, die Bezahlung des Pflegesatzes und die Feiertage, die Verbrechensbekämpfung und der Datenschutz ...

Vollends die erkannten Lösungen gegen den Druck eigener und fremder Interessen durchhalten – verlangt das nicht vor allem: durch Erfahrung, Unabhängigkeit, Uneigennützigkeit, Gemeinsinn, Menschenkenntnis gefeit sein gegen die Verführung des schneidigen Arguments, der radikalen Forderung, der Feindbilder, der Utopien, der Popularität, der Macht des »Bewährten«?

Und schließlich: die Kunst und das Elend des Kompromisses, das notwendige Taktieren und Finassieren, das Aussitzen und Aushalten und Ausnutzen des Egoismus und der Borniertheit der anderen ...

Durch die Beteiligung junger Menschen hieran würde vermutlich das Gegenteil dessen erzeugt werden, was für sie gesucht wird: eine Gelegenheit, sich – ihre Maßstäbe, ihre Gaben, ihre Verantwortungsbereitschaft – an einer Aufgabe zu bilden. Die jungen Leute würden das Scheitern ihrer Ideale und Ideen erleben und sich entweder von der *polis* und der sie ordnenden Politik abkehren oder sich zynisch der wahrgenommenen Macht-, Verführungs- und Täuschungsmittel bedienen.

Man hat hiergegen eingewendet: Genau darin bestehe die wahre politische Bildung – in der Erfahrung und im »Irgendwie-Fertigwerden« mit der unschönen Realität; widerspruchsfreie, idealistische, moralisierende politische Belehrung verbilde die Menschen, verleite zu Illusionen, zu extremen, heute sagt man »fundamentalistischen« Programmen. Man müsse die jungen Leute an der Politik beteiligen, wie sie ist, ihnen Verantwortung übertragen, also in erster Linie das Wahlrecht senken – auf sechzehn, gar auf vierzehn Jahre. So werde den Ausbrüchen von Gewalt wirksam vorgebeugt.

Mir kommt diese Position – sympathisch, wie sie für einen Aufklärer sein muß – ihrerseits illusionär, irreal, idealistisch vor. Die Vierzehn- bis Sechzehnjährigen sind auf der Suche nach sich selbst, sind konstitutionell unbeständig, unbegabt für das geduldige Bohren unabsehbar dicker Bretter, sind empfänglich für den großen, den »totalen« Anspruch. Politik aber ist Weiterarbeiten an dem, was man vorfindet. Schon den Achtzehnjährigen fällt es schwer, Verantwortung für etwas zu übernehmen, was sie nicht gemacht haben. Und nun die Sechzehnjährigen – noch dazu in der Form des Wahlrechts – dazu verleiten? Das Wahlrecht verschafft ihnen Zugang zu einem beschränkten, abstrakten, kanalisierten und künstlich dramatisierten Akt, durch den man die Politik auf andere – auf Stellvertreter – überträgt. Oder denkt man auch daran, ihnen das passive Wahlrecht zu übertragen? Das neue niedersächsische Gesetz sieht vor, daß die Sechzehnjährigen wählen können, nicht aber gewählt werden. Diese Beschränkung freilich auf das aktive Wahlrecht widerspricht der Begründung: nun könnten die Jugendlichen ihre Vorstellungen und Forderungen nach Radwegen, Verkehrsberuhigung, Spielplätzen, Abschaffung der ihre Zukunft gefährdenden Kernkraftwerke etc. durchsetzen – durch politische Mitbestimmung. Das müßte ja in den vorhandenen Parteien geschehen, in denen sie naturgemäß in der Minderheit sind; oder sie müßten eigene Parteien gründen, denen jedoch versagt bliebe, ihre Programme zu erfüllen: Ihre jugendlichen Mitglieder können ja weder Abgeordnete werden noch Ämter innehaben, müßten die Ausführung ihrer Vorstellungen den Erwachsenen überlassen, die die Minderheit der Jungen nicht nur mit schneller und schwieriger Rede, mit der Geschäftsordnung, der Überzahl und dem Konsens der Älteren, der Verfügung über Geld- und Machtmittel ausmanövrieren können, sondern als die allein Wählbaren den Erfolg oder Mißerfolg des Beschlossenen in der Hand haben. Sollen dagegen die Jungen beide Wahlrechte bekommen, müßten sie vorher aus allen ihren heutigen Abhängigkeiten entlassen werden: aus der Schulpflicht, aus der elterlichen Wohnung, Versorgung, Bevormundung, aus der Mittellosigkeit und Rechtsunmündigkeit – und dies schon während der Wahlvorbereitung, nicht erst, wenn sie gewählt worden sind. Was für eine Revolution! Ist ein Volksvertreter, der über den Paragraphen 218 oder über Gentechnik am Menschen oder über den Kampfeinsatz deutscher Truppen im Ausland bestimmen soll, denkbar, der selber nicht Auto fahren, nicht heiraten, keinen Kaufvertrag abschließen darf? Das Wählen von Abgeordneten ist eben etwas anderes als das Wählen von Turnschuhen! Es setzt die volle Teilnahme der

Wähler an dem Leben voraus, das die zu Wählenden durch Gesetze regeln sollen. Schon die Trennung des aktiven vom passiven Wahlrecht widerstreitet dem Grundsatz, daß alle Wähler in der Wahl gleichberechtigt zu sein haben, woraus folgt, daß man als Wähler nur zulassen sollte, wem man auch zumuten will und kann, gewählt zu werden.

Die allenthalben diagnostizierte Politikverdrossenheit rührt in erster Linie daher, daß der einzelne Bürger von seiner Bürgerpflicht hoffnungslos überfordert ist: mit der Verantwortung für das Ganze, die er durch die Wahl der Abgeordneten mit übernimmt. Man stelle sich vor: Junge Menschen mit hochfliegenden ökologischen Idealen geraten in den Treibsand der Brüsseler Verordnungen. Der »Frust« der Vierzehn- bis Achtzehnjährigen dürfte größer sein als der Erfahrungsgewinn.

Meine Antwort hierauf ist immer gewesen: Man muß die Schule – die einzige Einrichtung, die der Gesellschaft dafür zur Verfügung steht – zur *polis* machen, in der man im kleinen die Versprechungen und Schwierigkeiten der großen *res publica* erfährt, sich und seine Ideen erprobt und die wichtigsten Tätigkeiten übt: ein Problem oder Interesse definieren und es öffentlich verhandeln, andere Menschen überzeugen und sich von ihnen überzeugen lassen, Entscheidungen treffen und austragen, Konflikte nicht scheuen, aber auch beenden können, Vereinbarungen treffen, Zuständigkeiten bestimmen und dergleichen mehr. Es gibt keinen Grund, das Wort und den Vorgang Politik auf das zu beschränken, was bestimmte Erwachsene in den Hauptstädten und anderen Zentren der Macht tun. Es gibt Politik und die Notwendigkeit dazu in jeder größeren Gemeinschaft: im Betrieb, im Verein, in einem Wohnblock. Das Gesetz der Politik wird sich nach dem Zweck der jeweiligen Gemeinschaft richten, also in einer

Gewerkschaft oder in einem Theater anders sein als im Parlament und am Kabinettstisch der Bundesregierung. In der Bildungsanstalt Schule vollends wird man nicht unsere Parteienpolitik und das Gefüge der Staatsorgane abbilden können, und schon gar nicht wird es möglich sein, die prinzipielle Mittelabhängigkeit zu überspielen. Aber man kann die oben aufgezählten Tätigkeiten an den schuleigenen Problemen üben. Die drei »R« der Laborschule: Regeln machen, Reviere bilden, sich entlastender Rituale bedienen und sie immer wieder überprüfen sind Politik – das ist die oben erwähnte »gemeinsame Regelung gemeinsamer Angelegenheiten« –, weil man sie an dieser Schule als solche und nicht als pädagogische Maßnahme eingeführt hat. Ist das geschehen, kann man die Politik der Kommunen, der Länder, der Bundesrepublik, der anderen Staaten damit in Beziehung setzen, wo und wann es sich anbietet.

Das setzt voraus, daß die Schulen Herr über sich – ihre Einrichtungen und Maßnahmen, nicht ihren Auftrag! – sind. Man nennt das Autonomie. Autonomie muß einem zwar gewährt werden, aber noch wichtiger ist, daß man sie dann auch autonom zu nutzen versteht: den Mut, die Phantasie, die Sachkompetenz, die Selbstlosigkeit hat, um die notwendigen Veränderungen gegen einzelne und Gruppen durchzusetzen – gegen Eltern oder Schüler oder Lehrer oder Behörden oder Sponsoren –, die sich nicht an die gemeinsam beschlossene *policy* halten. Da finge dann richtige Politik an, politisch zu bilden.

Außerdem wünsche ich mir die Mitwirkung der Jugendlichen in den Jugendorganisationen der Parteien, in den Vereinen, in den Schulen, in den Lehrbetrieben, in ihrem eigenen Wohnblock. Das verschafft ihnen die Grunderfahrung mit dem politischen Geschäft und legt sie noch nicht auf die Schiene fest, die das Wählen von Abgeordneten etablierter Parteien doch bedeutet. Ja, ich wünsche mir, daß Jugendliche die Politik noch als ein heftiges Für und Wider erfahren, in dem auch sie selber morgen eine andere Meinung haben dürfen als heute oder gestern. Nichts ist der Ausübung unserer politischen Entscheidungsfreiheit und Verantwortungspflicht abträglicher als die (innere) Bindung für vier ganze Jahre an die Parteien und Personen, denen wir in der Wahl unsere Stimme gegeben haben.

7. *Arbeit.* Arbeit bedeutet in unserer Gesellschaft in erster Linie Broterwerb, das Gegenteil von Arbeitslosigkeit. Sie ist der Inhalt unserer Berufe, die der Ausdruck der allgemeinen Arbeitsteilung sind, und das wiederum ist die deutsche Bezeichnung für Spezialisierung. Von dieser sind Kinder ausgeschlossen; man erwirbt sie sich erst durch einen langen Prozeß, der die Kindheit, die Jugendzeit und einen Teil des Erwachsenseins aufbraucht.

Sicher hat auch der Erwerb einer besonderen Fertigkeit wie des Anlegens von Geld oder der Beurteilung von Rechtsfällen, der Entzifferung von Inschriften oder des Steuerns von Flugzeugen bildende Wirkung. Aber die kann ich hier nicht meinen, erstens weil es nicht um irgendwelche, sondern um die den sechs Maßstäben genügende Bildung geht, und zweitens weil Kinder und Jugendliche schon wegen ihres Alters von alledem ausgeschlossen sind. Was also kommt in Frage?

Es gibt auch andere Arbeit, die man im Haushalt, im Garten, in der Erziehung der Kinder leistet; die letztere findet sogar allmählich eine Anerkennung als solche durch den Fiskus. An diesen Arbeiten können Kinder sinnvoll beteiligt werden, auch an der letzten; bei vielen Völkern, vor allem, wo die Schule sie nicht daran hindert, ist die Aufzucht der kleineren Kinder durch die größeren gang und gäbe. Aber dazu muß man im einen Fall Geschwister, im anderen Fall einen Garten haben, und der dritte Fall ist bald erschöpft, wenn Mütter und Väter auch im Haus das Spezialistentum walten lassen. Dann bleibt für das Kind die (mit oder ohne Maschine) freudlose Versorgung des schmutzigen Geschirrs, das Staubsaugen und das Leeren der verschiedenen Abfallbehälter. Das Wort von der »sinnvollen« Beteiligung der Kinder gerät in Zweifel. Die Erwachsenen teilen nicht ihre Arbeit mit den Kindern, sondern weisen ihnen den stumpfsinnigen Teil davon zu: die Mühsal, die mit der Arbeit sprichwörtlich einhergeht.

Mein Vater, ein anspruchsvoller Gastgeber, ließ den 14jährigen Hartmut kleine und große Gastmähler ausrichten – vom Einkauf über das Kochen und Tischdecken bis zu den Honneurs – und beteiligte sich selber am Aufräumen und Abwaschen. Ich hatte früh die Wahl zwischen dem Bügeln meiner Hemden bei größerem Taschengeld und der Überlassung von beidem an die Familie. Hätten wir über mein sechstes Lebensjahr hinaus in den USA gelebt, ich hätte sicher eigenes Geld durch morgendliches Austragen von Zeitungen, das Waschen von Autos und das *catering* im Sportclub oder in einem Supermarkt verdient.

Auch das ist nicht der noble Teil der Arbeit, und ich muß meine Rede schon arg verrenken, um ihn bei den sechs Maßstäben unterzubringen. Und doch! Ich habe in den ärmeren Regionen Griechenlands erlebt, wie Kinder durch die ihnen übertragene Aufgabe von Erwachsenen stark und selbstbewußt werden. Ich habe zwar verstanden, wozu der Schutz von Kindern vor Arbeit gut ist. Aber ich sehe bei uns, welchen Preis dies hat.

Das Leben will überall zu einem Teil wenigstens er-arbeitet sein, vollends in unserem Klima. Das hat unsere Kultur und die Umstände hervorgebracht, unter denen wir nun leben: eine dichte Bevölkerung, einen komplizierten Lebensapparat, der ständig bedient sein will, eine Fülle von Wissen und Tüchtigkeit, einen hohen Grad an gesellschaftlicher Disziplin. Wer dies vergißt, wer sich durch Reichtum darüber erhebt oder in Gedankenlosigkeit darüber täuscht, dürfte es schwer haben, einigen der von mir gesetzten Maßstäbe zu genügen. Wird, wer buchstäblich nicht weiß, was Arbeit ist, die Unmenschlichkeit von Arbeitslosigkeit erkennen können? Versteht er, wo in der Geschichte wir mit unseren Robotern und Automaten angekommen sind? Wird er je einstimmen können in Fausts Vorgefühl des höchsten Glücks: »Es kann die Spur von meinen Erdentagen / nicht in Äonen untergehen« oder in den 90. Psalm in Luthers Übersetzung: »Unser Leben währet 70 Jahre ... und wenn es köstlich gewesen ist, ist es Mühe und Arbeit gewesen«? Wird er wissen, was Selbstverantwortung ist, wenn er nicht erfahren hat, was Selbsterhaltung kostet?

Es müßte hier noch viel gesagt werden, auch zu dem schwierigen Verhältnis von »Bildung« an Schulgegenständen und »Qualifikation« an der Arbeit. Um die Wahrnehmung der Würde, die die Arbeit dann verleiht, wenn sie zugleich selbständig, für andere nützlich und in sich gut ausgeführt ist, geht es freilich in dem darüber heute so heftig geführten Streit fast nie. Vielleicht hilft dieser Satz zum Verständnis meiner Absicht: Ob Arbeit einen Menschen gebildet hat, erkennt man daran, ob er den paradiesischen Hochmut abgelegt hat – ob er sein Teil am Menschenlos nach der Vertreibung willig leistet.

8. Feste feiern. Ist die Arbeit getan, beginnt der Feierabend, das Ausruhen, die Besinnung, die Zuwendung zu den Seinen. Bei uns könnte das für die meisten Menschen um 16 Uhr eintreten, wäre da nicht der lange Heimweg mit Stau, der hektische Einkauf, das Fernsehen – und noch viele Verrichtungen, die ich die Bedienung unseres Lebensapparates genannt habe: die Waschmaschine leeren, das Fitneßprogramm ableisten, die Steuererklärung ausfüllen im schlechteren Fall, dem Kind bei den Hausaufgaben helfen im besseren. Wir feiern nicht mehr täglich und im kleinen, wir feiern vornehmlich im großen und das dafür seltener: die Konfirmation, die Silberhochzeit, das 50ste Jubiläum – und die werden von einem Partyservice ausgerichtet.

Man wird sagen: eine Karikatur! Aber Karikaturen sind keine Erfindungen, sondern nur Überhöhungen dessen, was ist.

Blicken Kinder auf ein Jahr zurück, fallen ihnen als erstes die Feste (und die damit verwandten Ferien) ein – und wenn wir Erwachsenen über einen größeren Lebensabschnitt zurückblicken, geht es uns genauso. Wir alle brauchen Feste, und wir haben, meine ich, ihrer in unserer Welt genug und von der richtigen Art, um daraus eine große stärkende Wirkung zu ziehen, eine Wirkung, die den einzelnen in seine Kultur einbettet. Mit der »richtigen Art« meine ich: sie haben je eine andere und wichtige Grundbedeutung. Feiern wir sie in dem ihnen eigentümlichen Sinn: Weihnachten – ein Fest der Wärme und des Lichtes in der kalten und dunklen Zeit, ein Fest, das mit »Friede auf Erden« überschrieben ist und an dem wir uns einander zuwenden; Ostern – das Fest der Auferstehung Christi und der Natur, der Wahrnehmung der größten Verwandlung und der Erfüllung der größten Hoffnung; die Geburtstage – Feste, an denen sich alle einem einzelnen zuwenden und ihn wissen lassen, daß sie sich über ihn freuen? »Feiern« wir sie überhaupt noch oder »machen« wir nur »blau«: Erntedankfest und Totensonntag, Tag der Arbeit und Tag der Deutschen Einheit? – Sind es zu viele im Jahr, nimmt ihr Wert ab; sind es zu wenige, trägt die Freude nicht vom einen zum anderen.

Feste wirken fast noch mehr durch die ihnen gewidmete Vorbereitung als durch sich selbst. Es ist eine Anstrengung, die eigentümlich nicht auf Vorteil und Sieg, sondern auf Gelingen und Gefallen gerichtet ist, zwei ungleich humanere Ziele.

Eine wunderbare und mit Verlaub durch und durch »pädagogische« Erfindung sind die Straßenfeste – auf denen Groß und Klein, Laien und Experten, Fremde und Freunde sich mischen, an denen alle mit just dem beteiligt sind, was ihnen möglich ist: Kochen und Backen, Singen und Tanzen, Reden und aufmerksam Zuhören. Ähnlich die Sportfeste, die das Beste am ganzen Sport sind: Leistung, Darstellungslust, Spielfreude und Gesellung in einem!

Daß Feste festlich sein sollen und daß Festlichkeit gelegentlich Feierlichkeit einschließt, muß hingegen mancher noch lernen, den die schwarzen Anzüge, die Streichquartette und das ergriffene Schweigen des Publikums einschüchtern und abschrecken. Kinder, sofern sie unbefangen sind, lieben Feierlichkeit. In ihr fühlen sie sich an dem beteiligt, was Erwachsenen wichtig ist. Das geschieht ihnen nicht oft.

Vollends verändert (»bildet«) sie, wenn sie erfahren, daß die Feierlichkeit ihnen gilt. In dem Dokumentarfilm *The Living Buddha* kann man miterleben, wie die Ehrfurcht der Erwachsenen für den acht- oder neunjährigen Dorfjungen aus einer der letzten Schluchten des Himalaya, den eine geheimnisvolle Weisheit zur neuen Inkarnation Buddhas auf Erden erkoren hat, diesen verwandelt. Die gläubige Verehrung macht das natürliche Kind zu einem buchstäblich Erleuchteten. – Bei Fest und Feier, bei zweckfreier fröhlicher und ernster Zuwendung der Menschen zueinander ist viel für die gewünschte Bildung zu holen.

9. *Die Musik.* Jeder weiß, wie wichtig die Musik für die »Bildung«, für das Sich-zur-Person-Bilden der Menschen ist. Man braucht nicht des Sokrates Belehrung:

»Rhythmen und Töne dringen am tiefsten in die Seele des Menschen ein und erschüttern sie am gewaltigsten. Sie haben gutes Betragen im Gefolge und machen bei richtiger Erziehung den Menschen gut oder verderben ihn im anderen Fall.« (Platon, *Der Staat*, 401 c – d)

Diese Festellung dient dem Sokrates ja vor allem dazu, im weiteren zu begründen, daß man zwischen schädlicher und heilsamer Musik unterscheiden und die erstere den Wächtern des Staates vorenthalten müsse. Und dafür ist sie noch immer wichtig, wenn auch schwer anwendbar.

»Jeder weiß . . .«, aber wir befolgen dieses Wissen nicht! Schon gar nicht in unseren Schulen. Alle möglichen Gegenstände sind wichtiger als die Musik; sie darf in der Zeit-, Lehrer- und Geldnot fortfallen; zur Ablegung einer Reifeprüfung, die den allgemein gebildeten Menschen bestätigt, ist sie überflüssig. Enthielte »Theater« nicht die Möglichkeit, ausgiebig Musik zu treiben, ich würde meinen vorhin geäußerten Satz korrigieren: Es genügten für meine Schule Theater und *science*. Nun, es muß in jedem Fall auch Musik her: die aktiv betriebene, die aktiv genossene, die von früh an gehörte – in sorgfältigem Aufbau, geistvoller Wiederholung und gegenseitiger Mitteilung. Die »bildenden Künste« bilden vor allem, indem man sie ausübt. Und damit wiederum übt man vornehmlich die Wahrnehmung, in zweiter Linie die Fähigkeit zur Gestaltung und zuletzt erst den Kunstsinn, das Empfinden für Schönheit, den Geschmack, gar die Fähigkeit zu ästhetischer Kritik.

10. Aufbruch. Fast alles, was ich zu den bisher genannten Bildungsanlässen und -mitteln gesagt habe, kann der großen Vereinnahmung der jungen Menschen durch die abendländische und bürgerliche Kultur dienen – einer ungewollten Domestizierung. Es zivilisiert sie, und das heißt in den meisten Fällen auch: es pazifiziert sie. Das tut die gute Schule überhaupt. Sie befriedigt und beschäftigt die Kinder so sehr, daß sie an Rebellion nicht mehr denken. Sie gehen dankbar in der pädagogischen Ordnung auf.

Darum ein letzter Anlaß für eine Bildung, die in der Tat Anpassung und Unterwerfung nicht beabsichtigt: Laßt die Kinder ausbrechen, gebt ihnen nicht nur Gelegenheit, sondern – wo nötig – einen *guten* Grund, die Familie, die Schule, die Stadt zu verlassen. Die Verhältnisse ermutigen sie nicht dazu – dann tut ihr es, Eltern und Lehrer!

Bei Philippe Ariès kann man lesen, wie im England des 17. Jahrhunderts die Jungen mit elf oder zwölf zu entfernten Familien geschickt wurden – als Teil ihrer Bildung, die nur manchmal auch zu ihrer Ausbildung wurde, wenn der fremde Familienvater ein entsprechendes Handwerk trieb.* Die Wanderburschen in Deutschland erfüllten ein ähnliches Gesetz: Indem sie häufig den Ort wechselten, lernten sie nicht nur andere Verhältnisse kennen, sondern ihre eigenen Kräfte und Möglichkeiten einzuschätzen und ihre Heimat zu lieben. Es muß nicht immer die Wüste oder

---

* Philippe Ariès, *Geschichte der Kindheit* (dtv, München 1978).

die hohe See sein – es genügt das Land jenseits der Berge, um den Horizont zu öffnen, und eine andere Sprache, um gut aufzupassen und gern wieder heimzukehren.

Familienzeit, Schulzeit, Lehrzeit sind Zeiten der Abhängigkeit. Das hat seinen Sinn, aber auch ungewollte Folgen. Beidem – der Angepaßtheit und dem Ausbrechen – kann man vorbeugen: durch geordneten Aufbruch.

Zehn Quellen, Anlässe, Mittel der Menschenbildung – die Zahl zehn bekundet Willkür. Es hätten auch acht oder fünfzehn sein können. Wo die Frage lautet: »Aus welchen Anlässen ereignet sich Bildung?«, wird nicht erwartet, daß die Antwort vollständig ist, sondern verständig. Wenn die meine das ist, dann aufgrund des gewählten Verfahrens.

Einen Vorzug hat diese Darstellung von Bildung anhand ihrer Anlässe auf jeden Fall: Sie konstituiert keine Zweiklassengesellschaft, *hie* Gymnasiasten, *da* Nichtgymnasiasten, *hie* volkstümlich Gebildete, wie es einst hieß, *da* akademisch Gebildete; es wird auch kein Bildungs-Einheitsbrei angerührt, sondern aus diesen Quellen und an diesen Anlässen kann sich jeder nach seinem Maß bilden, nicht zuletzt weil man mit ihnen allen – anders als mit unserem Geschichts- oder Physik- oder Mathematikunterricht – in frühester Kindheit anfangen kann und weil kein Ende der Bildungseinrichtung, kein Examen die so verstandene Bildung abschließt.

V

Wünschenswerte Folgen

Folgen, gar wünschenswerte, wird dieser um die bildungstheoretischen Grundfiguren und alltäglichen bildungspolitischen Kritzeleien unbekümmerte Ausblick auf die Bildung nur haben, wenn man die Linien auszieht: in die Schulwirklichkeit – die Gliederung, die Inhalte, die Bezeichnung und Verteilung der Funktionen. Obwohl eine solche Umsetzung des Bildungsgedankens in die Schulpraxis die Absicht dieses Essays überschreitet, muß ich mir und dem Leser die – nicht ganz reizlose – Anstrengung zumuten zu folgern: Wenn Bildung so sein kann und soll, was könnte und müßte sich an unseren Schulen eigentlich ändern? Denn ohne Folgerungen keine Folgen. Ich beginne mit dem, wie es scheint, Äußerlichsten: der Struktur.

10
Das muß Folgen für die Gliederung unseres
Bildungswesens haben.

Eine »Bildung für alle«, die nicht nur Beschulung oder Ausbildung meint, sondern den Anspruch Humboldts austrägt; die Ablösung der Bildungswirkung vom Grad der Abstraktionen, Ferne und Schwierigkeit des Gegenstandes; das Vorhandensein von gemeinsamen Maßstäben, auf die man sich einigen kann; die Wahrnehmung geeigneter und spezifischer Anlässe zum angestrebten Sichbilden – das alles erlaubt nicht nur eine geistvollere und lebendigere Bildungs-Schule, den Verzicht auf Sortierung und Auslese, auf einheitliche Lehrpläne und pervertierende Benotung, es fordert eine ganz andere Gliederung des gesamten Pflichtschultraktes unseres Bildungswesens: (1) einen anderen vertikalen Aufbau, (2) einen Ausgleich der Bildungsabsichten und -mittel unter den Schulen in der Horizontalen, (3) eine andere Anordnung der Gegenstände und (4) eine andere Zeit- und Raumverteilung.

Zu 1 – ein anderer vertikaler Aufbau: Wir haben uns angewöhnt, von »der Schule« zu sprechen, auch dort, wo wir diese gesellschaftliche Einrichtung nicht als Ganze von, sagen wir, der Familie oder der Kirche oder der Universität unterscheiden wollen. Benutzen wir den Plural, meinen wir die einzelnen Schulen (die fünf in dieser Stadt) oder die Schularten: Grundschule, Hauptschule, Realschule, Gesamtschule, Gymnasium. Aber »das Lehren und Lernen in der Schule«, »der Bildungsauftrag der Schule«, »die Gegenstände der Schule« – das sind eigentlich unzulässige Ausdrucksweisen. Es gibt nicht »die Schule«. Unabhängig von den eben genannten Differenzierungen handelt es sich immer um wenigstens drei verschiedene Einrichtungen mit verschiedenem Auftrag, die man aus Unbedacht oder Bequemlichkeit und jedenfalls falscher Wortökonomie unter das eine Gebäude subsumiert, in dem sie sich meist befinden. Rousseaus *Émile*, das Grundbuch der modernen Pädagogik, ist eine einzige Begründung für die Aufteilung des Erziehungs- und Bildungsvorgangs in vier Stufen, auf denen die Pädagogik je etwas prinzipiell anderes zu leisten hat (und von denen die erste außerhalb des öffentlichen Betrachts liegt). Von Wilhelm von Humboldt bis Eduard Spranger haben kundige Leute die anthropologische und die begriffliche Begründung einer solchen Unterscheidung durch historische und psychologische Argumente ergänzt. Und natürlich ist das den Fachleuten bekannt. Aber in der öffentlichen Diskussion üben wir uns immer wieder in der falschen Einheitsvorstellung ein: in »der Schule« wird »gelehrt« und »gelernt« und im Grunde auch immer nur das Eine, die vorgegebenen »Schulfächer«, deren Wissensgehalt sich zwar stetig vermehrt und deren Vermittlungsweise ständig mehr Anstrengung und Selbständigkeit fordert, die im Grunde jedoch eine Einheit bilden: die institutionalisierte Prägung durch die Schule.

Daß zum Beispiel das Lehren schädlich sein könnte, wenn man zu früh damit beginnt und es zu lange fortsetzt, und daß auch das Lernen nicht immer guttut, zum Beispiel dann nicht, wenn es das Sichbilden oder Sichbewähren ersetzt, kommt einem dabei nicht in den Sinn. Freilich, weil wir es so halten, hat die Redeweise wiederum ihren Sinn – weshalb auch ich in dieser Abhandlung den getadelten Singular ohne Verlegenheit verwenden konnte: Die »real existierende« Schulpädagogik wird als Ganzes traktiert.

Ich hatte gesagt, *die* Schule sei wenigstens *drei* Schulen. Bei ihrer Beschreibung greife ich auf die alten Römer zurück, genauer auf Publius Terentius Varro, einen Zeitgenossen Cäsars, den Rousseau zur Unterstützung seines Stufungsprinzips zitiert und der eine ähnlich grundsätzliche Einteilung des Erziehungsgeschäfts an dessen pädagogischem Personal festmacht: *educit obstetrix, educat nutrix, instituit paedagogus, docet magister* – »die Hebamme entbindet, die Kinderfrau zieht auf, der Pädagoge stellt (das Kind in die gegebenen Lebensformen und -verhältnisse) ein, der Lehrer lehrt oder unterrichtet«. Nebenbei gewinne ich dadurch einen Begriff, der mir beim Verständnis und bei der Beschreibung der »Bildungsaufgabe« weiterhelfen wird: *institutio*.

Die erste, unterste Schule teilt noch viele Aufgaben unmittelbar mit der Familie. Die Summe dieser Aufgaben ist *institutio*, wörtlich »die Einrichtung« des Kindes in den Grundordnungen der menschlichen Gesellschaft. So verwendet – wie sprechend und klug ist dieses Wort, wie ungleich treffender bezeichnet es das Gemeinte als unser Wort »Erziehung«, das dem Herausziehen des *educare*, der *educatio/éducation/education* entspringt und entspricht! Das »Hineingestelltwerden« muß nicht, wie einst, Unterwerfung unter oder Abrichtung auf die Verhältnisse heißen; es soll vielmehr das Ausbilden der Kräfte ermöglichen, mit denen wir die Herausforderungen, die Widerstände, die Fremdheit der Kultur meistern. Eine von diesen völlig freie Entfaltung machte uns in der Kultur völlig hilflos – wie man an den Wolfskindern sieht. Pindars Formel γένοι' οἷος ἐσσὶ μαθών (2. *Pythische Ode V.* 131) wird meist verstümmelt wiedergegeben: Werde der du bist. Nein, lernend, durch Erfahrung und Einsicht, werde du selbst. Im Griechischen steht die Hauptsache im Partizip.

Der *institutio* ist die *educatio* voraufgegangen, das Herausführen aus der Schwäche und bloßen Animalität (*-ducare* ist ein Intensivum zu *ducere* wie *-dicare* zu *dicere*); *educat nutrix* – die Kinderfrau macht dies, sie nährt, beruhigt, reinigt das Kind und versichert es dadurch der elementaren Gutartigkeit und Verläßlichkeit der Ordnungen. Von ihr lernt das Kind auch die Sprache: Hier unter uns Menschen wird nicht gelallt und gegrunzt und geschrien, hier wird gesprochen – verständlich und verständigend. *Instituit paedogogus* – das schließt sich jedenfalls in der Knabenerziehung an, die man der Natur, den natürlichen Verhältnissen nicht überlassen wollte, die man also dem Plan der Kultur meinte unterwerfen zu müssen. Der *paedagogus* kann nun schon in und mit der Sprache arbeiten: Man grüßt, man sagt »bitte« und »danke«, man unterscheidet »mein« und »dein«, »wir« und »ihr«, »jetzt« und »erst dann, wenn ...«; man ehrt die Götter; man sagt die Wahrheit; man dient dem Vaterland. Vor allem aber lernt man die in alledem angelegten elementaren Mittel der Gesellschaft: Rang und Macht, Geben und Nehmen, Schon-haben und Erst-verdienen, Freund-sein und Nicht-Freund-sein, Schreiben und Lesen, Beschreiben und Berechnen und so fort. Auch dies also nicht nur als Techniken, aber vornehmlich als solche. Sie sind ja zunächst selbst eine Erfahrung und werden erst zum Instrument in der bewußten Anwendung. Ein guter *paedagogus* bringt dem Kind das Schreiben (oder das Rechnen) nicht bei, er beteiligt es an einer von ihm und den Erwachsenen beherrschten Zauberkunst, er verführt zum Lesen, er entdeckt das Zählen und das Spiel der Zahlen.* Wo er haltmacht, wo die *institutio* endet, da fängt etwas anders an.

---

* Eine Darstellung dieser Zauberei aus der Sicht des Kindes findet sich bei Mechthilde Lichnowski: »Das Fünfjährige lernt auf französisch lesen. Die Buchstaben erscheinen fettgewichst auf den Seiten. Ein Häkelhaken unterstreicht sie, und nichts ist unklar! Einige Lettern machen Grimassen, andere laufen; es gibt welche, die runde Armbewegungen machen, empört tun, herausfordern oder zu seufzen scheinen; alle aber stehen redlich und treuherzig, ohne umzufallen, auf winzigen Schlittschuhen. Das kleine lateinische e gleicht einem Heuschreckenkopf, das g einer halben Wespe ohne Füße, das kleine a steckt eine Hand in die Brusttasche wie Napoleon – A als a war ohne weiteres zu erkennen, b darangeklebt selbstverständlich ab; desgleichen ba. Ba, be, bé, bè, bi, bo, bu (Baböbébäbibobü, Rarörérärirorü – eine faszinierende Zungengymnastik).

Eine Silbe wurde zu Rate gezogen, von der man bestimmt wußte: sie wird erkannt. Dann zurück zu der, die eine neue Grimasse zu machen schien. Unendlich waren die Möglichkeiten, mit den Lettern zu spielen. Das A leuchtete rot wie Karmin, das E war licht graublau, I schwarz, O goldgelb. Ue grünblau oxydiert. Bei den Zahlen war's ähnlich. Die Fünf nahm die Karminfarbe des A, die Vier war stahlblau, der Dreier ocker-

Bei Varro folgt nun: *docet magister*. Das lag also schon außerhalb der Pädagogik. Das *docere* – galt den Künsten und Wissenschaften, den *artibus et scientiis*, mit denen man nicht nur erfolgreicher handeln und denken kann, sondern auch ein anderer wird. Wir sind damit in der mittleren Schule, die sich mit der Zunahme der zum Leben notwendigen oder nützlichen Kenntnisse und Fertigkeiten immer weiter ausgedehnt hat. (Melanchthon hatte sie schon mit 14 Jahren absolviert und besuchte die Universität – und war beileibe keine Ausnahme!) Der Eifer, mit der in der Schule das *docere* betrieben wurde, ließ sie die damit eigentlich erstrebte *formatio*, das Sichbilden, vernachlässigen, ja sie wurde erstickt. War schon aus Bildung/Sichbilden etwas anderes geworden, als man sie zur Aufgabe einer »Schule« genannten Einrichtung machte – eben »Schulbildung« –, so hat man auch diese geopfert, als man die Bildungsschule / das Gymnasium zur Vorschule der Universität erklärte, eine Vorbereitung für die akademischen Studien, die ihrerseits fast vollständig der Berufsvorbereitung dienen.

Unsere gymnasiale Oberstufe – die dritte der drei Schulen – ist faktisch von der *formatio*, der *paideia*, der Bildung abgekoppelt. Man sehe sich ein heutiges Biologiebuch an, und man weiß: das ist nicht einmal mehr Wissen-

farben. Die Acht strahlend wie reifes Korn. Eins: schwarz; Zwei: weißlich.

Grüne Zahlen gab's nicht, auch violette nicht. Der Hunderter war grau, der Tausender stahlblau. Die Lettern waren schön auch deshalb, weil sie in bestimmter Zusammensetzung Längstbekanntes nannten, nicht nur aus dem Haus, sondern aus dem Wald, aus den Ställen, vom Obstgarten, von den Wolken, vom Fluß, vom Abhang, wo die Sonne stach, von den Wiesen, wo Schuhe Wasser trinken ...« (Aus: *Kindheit*, München 1979, S. 26 f.)

schaftspropädeutik, es ist selbst Wissenschaft als Verfahren und Ergebnis.

Die Wörter/Verben *educare*, *instituere*, *docere*, *formare* dienen der begrifflichen Unterscheidung. Fast alle kommen in allen Phasen des pädagogischen Prozesses vor, jede aber doch vornehmlich in dem Abschnitt, der durch sie bezeichnet werden sollte.

Einer erweiterten Grundschule gebe ich vornehmlich den Auftrag der *institutio*: Hier werden die Neugier und ihre selbständige Befriedigung, der Gemeinsinn und die Selbstbehauptung, die Gewohnheit des Hinhörens und Hinsehens, der Aufmerksamkeit also und die Nutzung und Nützlichkeit der Kulturtechniken bestärkt. Der mittleren Schule, die wir Sekundarstufe I nennen, gebe ich vornehmlich die Aufgabe der *formatio*: Hier bekommen die Schüler eine Übersicht über die Felder oder Gebiete des Wissens, Erfahrungen im Gebrauch der gemeinsamen Mittel des Erkennens und der Anwendung der gemeinsamen Regeln des Handelns, Übung in gegenseitiger Verständigung und verantworteter Entscheidung, also in den Elementen der Politik. Der oberen Schule schreibe ich die Studienvorbereitung, die Berufsorientierung und die Berufsvorbildung zu, begleitet, erhellt und geprüft durch *philosophari*, ein philosophisches und politisches Sich-Bilden, durch eine allgemeine Wissenschaftspropädeutik für die einen, durch eine allgemeine Berufspropädeutik für die anderen. Das *docere*, das auf allen Stufen Anwendung findet und nützlich sein kann, wenn es sich nicht verabsolutiert (dann bedroht es den pädagogischen Zweck), ist hier am wenigsten bedenklich.

Mit der – meist überlangen – Schulzeit hört das Lernen nicht auf. Das mit der ungeheuren Vermehrung und dem schnellen Wandel des Wissens (»es ist veraltet, ehe man es abgeschlossen hat«) begründete *lifelong learning* schließt sich an. Auch von ihm muß hier – bei der Frage nach dem vertikalen Aufbau des Bildungswesens – die Rede sein. Denn wenn tatsächlich das jeweils wirksame Faktenwissen ohnedies nicht auf Vorrat gelernt werden kann, sollte man die Schule davon entlasten und das Bildungswissen entschlossen und zum Vorteil des künftigen Wissensbedarfs von diesem abkoppeln. Ich sage Bildungswissen und meine nur mit Einschränkung das, was Max Scheler darunter verstand, der dieses Wort geprägt und in der Trias Herrschafts- oder Leistungswissen, Bildungswissen, Heilswissen definiert hat. (Max Scheler, *Philosophische Weltanschauung*, München 1954, S. 41 ff.) Ich sehe hierin eine der großen Aufgaben, die meine Zunft in den nächsten zehn Jahren auf sich zu nehmen und zu lösen hat: ein solches Bildungswissen mit großer Strenge und einem weiten Blick herauszuarbeiten. Große Strenge meint: Man muß den großen Verführungen standhalten, nicht einfach zu lebensfernen Kanones zurückkehren, nicht einfach Bildung in Methodenlehre überführen, nicht einfach Bildung im Bewußtsein von Schlüsselproblemen aufgehen lassen. Ein weiter Blick meint: die gründliche Veränderung des Wissensbegriffs durch den Computer berücksichtigen; die Ablagerungen und Verwirrungen, die das Fernsehen und andere neue Medien in den Köpfen hinterlassen, in die Prüfung der bildenden Wirkungen – welcher auch immer! – einbeziehen; das Heilswissen nicht ausschließen.

Ich will damit sagen: Diese Fragen überschreiten meine Möglichkeiten. Ich habe darum die Form des Essays gewählt, die mir erlaubt, was ich kann: meine Fragen zu stellen, meine Anregungen zu geben, meine Kriterien zu nennen. Welche aufzählbaren geistigen Wahrnehmungen und Übungen verbunden mit welcher notwendigen Erfahrung und Handlung die Grundlage für eine spätere Neugier, Urteilskraft, Lern- und Umlernfähigkeit sind, das ist nicht nur eine Frage des Nachdenkens, sondern umsichtiger praktischer Erprobung. Aber ich kann an bekannte Grundsätze erinnern und begründete Warnungen aussprechen, wenn es darum geht, die Bildungsaufgaben im vertikalen Aufbau des Bildungswesens neu zu verteilen. Wer zudem daran mahnt, daß das Leben bildet, um damit die Forderung zu verbinden: die Schulen sollten dieser Möglichkeit stattgeben und jedenfalls nicht Lebensbildung durch Schulbildung ersetzen wollen, kann die Forderung nach fortgesetztem Lernen im Leben nicht einfach übergehen. Sie könnte ja fortgesetzte Schule bedeuten. Und das wäre mit Sicherheit falsch.

Ein Exkurs über lebenslanges Lernen

Das politische Programm heißt »Lebenslanges Lehren und Lernen«. »Lehren« meint dabei: Wenn weiter gelernt werden muß, muß es auch Lehrer, Lehrveranstaltungen, Lehrmittel und Lehreinrichtungen geben, die den Lernbedarf befriedigen.

Ich lasse einmal meine persönliche Sperre gegen das Programm »Lebenslanges Lehren und Lernen« unerörtert, obwohl sich darin etwas Allgemeines widerspiegelt, das pädagogischer Enthusiasmus gern übersieht. Ich habe siebzig Jahre lang *gelebt*, genau die Hälfte davon *gelehrt* und eigentlich immer *gelernt*. Beides, Lehren und Lernen, hat mit zunehmendem Alter in so gut wie jeder Beziehung nachgelassen: ihm fehlt die Intensität, es ist nicht sehr wirksam, es macht keine rechte Freude, ja, es scheint auch gar nicht so wichtig. »Lebenslang«, so denkt einer gegen Ende eines langen Lebens, möge man bitte nicht zu genau nehmen!

Freilich, nicht, ob man lebenslang lernen mag, sondern warum man es soll und ob man das kann, das sind die wichtigen Fragen. Wer nicht auch im Alter *lernt*, einen Fahrkartenautomaten zu bedienen oder ein Videogerät zu programmieren oder die Mitteilungen des Finanzamts zu lesen oder das Wort »Destruktivismus« zu gebrauchen, dem entgeht etwas, der hat mit empfindlichen Einbußen zu rechnen. Neugriechisch reden und verstehen freilich oder Skateboard fahren oder virtuelle Welten durch Cyberspace erschließen muß er nicht auch noch können, darf sich und anderen sagen, er *wolle* das nicht mehr lernen, er sei bisher auch ohne das ganz gut ausgekommen.

Die Forderung nach »lebenslangem Lernen« will sehr viel mehr als zum Durchhalten ermutigen, ist also mit individuell begründeten Einschränkungen nicht erledigt. Es geht offenbar um eine, sagen wir, kulturpolitische Notwendigkeit, und Lehren und Lernen werden dabei ganz selbstverständlich miteinander verbunden eben als »das, was man in Schulen tut«. Nun soll man das über sie hinaus fortsetzen, gewiß mit anderen Mitteln und Einrichtungen, aber eben »das«. Und über »das« sei hier geredet.

Ich will nicht mit dieser Notwendigkeit rechten, wohl aber erstens vor einer Gefahr warnen und zweitens ein pädagogisches Grundgebot anmahnen. Danach werde ich einen mir sinnvoll scheinenden Weg vorschlagen.

Die Gefahr kennzeichne ich mit einem Satz von Ivan Illich: Die Schule lehre vor allem die Wichtigkeit von Schule. Es sei ihr (nicht verlautbartes) Curriculum, daß man nur lerne, wenn man belehrt werde – systematisch, kontinuierlich, auf bestimmte Ziele hin. Lernen müsse »methodisch geführt« werden, sei die gewollte Reaktion auf Belehrung und erfülle sich im Nachweis des vom Lehrenden Gelehrten im vom Lernenden Gewußten oder Gekonnten. Ohne Frage ist gutes Lehren eine Hilfe für den Lernenden – aber das sollte nicht um den Preis einer falschen Vorstellung geschehen: Lernen sei oder tauge nichts ohne die zur Schule gewordene Belehrung, nichts ohne Lehrplan und Lehrmittel, womöglich im Medienverbund.

Das Grundgebot, an das ich erinnern möchte, ist, daß alle pädagogische Tätigkeit, also auch ihre rigoroseste und ausgedehnteste, das Lehren, in der Selbständigkeit des Zöglings oder Schülers zu münden hat, d. h. sich selbst überflüssig zu machen, sich selbst zurückzunehmen gehalten ist. Das gilt vollends, wenn die Belehrung »Bildung« und nicht »Unterweisung« und »Auskunft zum Zwecke von ...« im Sinn hat. Bildung ist – davon war oben ausführlich die Rede – in seiner prägnanten Bedeutung immer Sichbilden, beginnt erst dort, wo man sie selber in die Hand nimmt. Davor liegen Bemühungen der anderen, die dies ermöglichen.

Dem Sichbilden entspricht die Tatsache, die Illichs Satz zugrunde liegt: daß wir im und am Leben lernen können und sollten und daß uns dadurch der Irrtum erspart würde, mit der Schule (und Hochschule) höre das Lernen auf. Lebenslanges Lernen muß nur der propagieren, der vorher das Lernen an Belehrung und an eine Institution gebunden hat, der er dann auch lebenslanges Lehren verschreiben muß – eine schwierige Kunst, jedenfalls eine ganz andere als die, die man auf die Kleinen verwendet. Die lernen leicht, weil immer nur hinzu. Der Erwachsene muß mit fast jedem neuen Lernen früher Gelerntes verlernen oder doch verändern.

Was ist zu tun, wenn man nicht nur das Richtige im Falschen tun will? Zunächst doch wohl, dem Falschen zu entkommen suchen! Den einen Fehler – das Reden vom

»Weiterlernen«, als sei es dieselbe Sache – kann man gleichsam von heute auf morgen vermeiden. Die anderen Fehler, die man zu überwinden hätte, wenn ein Programm des lebenslangens Lehrens und Lernens sinnvoll und nicht überflüssig oder gar schädlich sein soll, kann man nur allmählich aufgeben, indem man die Schule anders bestimmt und anders macht. Diese Fehler sind zwar auch theoretisch zu fassen, aber zu tief in die Wirklichkeit – die Einrichtungen, Gewohnheiten, Erwartungen – eingelassen, als daß man sie nur einsehen müsse und dann ihre Bereinigung beschließen könne. Unsere Schule (hier der verräterische Singular!) wird in erster Linie als eine Veranstaltung verstanden, in der die Ansprüche der Gesellschaft an das künftige Verhalten des Individuums und Ansprüche des Individuums an ein künftiges Leben in der Gesellschaft miteinander verträglich gemacht, man sagt »vermittelt« werden. Sie hat sich damit gegen Rousseau entschieden, der der Pädagogik den Auftrag zusprach, den Menschen zu seinem »natürlichen Beruf« zu verhelfen, nämlich Mensch zu sein und dann erst Bürger, Rechtsgelehrter, Soldat, Priester (*Émile*, S. 17), was er dem Leben selbst vorbehält; er will ihn, mit anderen Worten, vor der Verzweckung und Verbildung durch die Gesellschaft bewahren, solange er das nicht selber kann. Sie hat sich auch gegen Wilhelm von Humboldt entschieden, der im »Litthauischen Schulplan« schreibt: »Der allgemeine Schulunterricht geht auf den Menschen überhaupt.« Und: »Alle Schulen aber, deren sich nicht ein einzelner Stand, sondern die ganze Nation, oder der Staat für diese annimmt, müssen nur allgemeine Menschenbildung bezwecken. Was das Bedürfnis des Lebens oder eines einzelnen seiner Gewerbe erheischt, muß abgesondert, und nach vollendetem allgemeinen Unterricht erworben werden.« Und auch: »Die

Organisation der Schule bekümmert sich daher um keine Kaste, kein einzelnes Gewerbe, allein auch nicht um die gelehrte!« (Wilhelm von Humboldt: Werke in fünf Bänden, hg. von Andreas Flitner und Klaus Giel, Darmstadt, Bd. IV, S. 188)

Unsere Schule bedient vornehmlich die »Bedürfnisse des Lebens« und nicht den »Begriff der Menschheit in unserer Person« (Humboldt, I, S. 235). Vom einen wird sie nicht abzubringen sein, das andere wird sie heute kaum mehr leisten können – sie selbst und die Verhältnisse sind nicht danach. Aber sie kann es dem Individuum überlassen und ermöglichen. Wie, das wollen wir nun sehen.

Denn jetzt sind wir in der Lage, mit geschärftem Bewußtsein und größerer Genauigkeit zu fragen, was nun »das« sein solle, was es lebenslang zu lehren und zu lernen gilt. Das Lernen selbst kann es nicht oder nur unter bestimmten philosophischen Voraussetzungen sein, wie sie für John Dewey und andere radikale Empiristen gegeben waren: Lernen ist für diese Instrumentalisten »Veränderung des Verhaltens« als Reaktion auf eine von außen wirkende Herausforderung oder Not zum Zweck des besseren Überlebens; im Lernen werde Erfahrung intelligent zu unseren Gunsten verarbeitet; zu unseren Gunsten sei das Lernen nur, wenn es Weiterlernen ermögliche, gar bestärke. Auf diese Weise ist für die Vertreter dieser Denkrichtung Lernen ein normativer Begriff geworden.

Welcher Philosophie unsere Schule folgt, ist ihr vielleicht selber unbekannt. Ihre Bekenntnisse klingen eher nach Humanismus und Aufklärung als nach Pragmatismus und entschlossener Verwissenschaftlichung, wie »pragmatisch« auch immer ihre Unentschiedenheit und wie »wissenschaftlich« auch immer ihre Verfahren sind. Geschichtlich wurzelt sie im Neuhumanismus. Allein, daß alle Schulordnungen, Richtlinien und Lehrpläne mit den allgemeinen Zielen der pädagogischen Einrichtungen und Veranstaltungen beginnen, zeigt, wie sehr sie platonisch geprägt sind. Ständiges Wachstum (*continual growth*), gesellschaftlicher Fortschritt (*social progress*), Selbsterneuerung (*self-renewal*), Erfolg definiert als erfolgreiche Anpassung (*successful adjustment*) sind späte, noch immer fremde Nachkömmlinge in unserer pädagogischen Theorie und bleiben »instrumentell« selbst in der gern zitierten Leerformel vom Lernen des Lernens. Den Vorrang des Lernprozesses vor dem Lernziel können bei uns nur Querköpfe behaupten. Der von Rousseau gedeuteten »Unfertigkeit« des Menschen als Voraussetzung seiner *perfectibilité* huldigt hierzulande niemand. Für John Dewey hingegen ist das Kind der ideale Mensch, weil es sich aufgrund seiner Unvollkommenheit grundsätzlich mit *trial and error* behilft. Der Wissende oder Könnende hört auf zu lernen. Unsere Mangelhaftigkeit und also unsere Lernbedürftigkeit sind – nach Dewey – unser entscheidender Lebensvorteil. Ein Küken kann nach wenigen Stunden Körner richtig aufpicken; das Kind braucht ungefähr sechs Monate, um ein Objekt mit seiner Greifhandlung zu erfassen: es »lernt« diese – lernt die Einschätzung der Entfernung, der Umstände, der Variationen; es entwickelt Methoden; es erwirbt, wie Dewey sagt, die Gewohnheit (*habit*) einer solchen Erforschung der Wirklichkeit. Und dies ist Deweys Paradigma für alles Lernen. (*Demokratie und Erziehung*, Kapitel 4)   ·

Lassen wir offen, wie die heutige Schule sich als ganze versteht – als platonische Akademie für jedermann, also als Stätte geistiger Bildung; als *officina hominis*, also des Comenius Anstalt zur Vermenschlichung oder Zivilisierung der jeweils nächsten Generation; als Pflanzstätte (*se-*

minarium) der Aufklärung; als Ort der Vorbereitung auf bestimmte Anforderungen des Lebens, deren Bewältigung man nicht »auf der Straße« lernt; als *embryonic society*, in der man die eigene Gesellschaft leibhaftig erfährt, ohne ihr zu erliegen, – ich sage, lassen wir die Frage nach der *Bestimmung* der Schule offen: ihre *Erscheinung* ist bunt – aus guten Gründen ein Gemisch aus wenigstens vier Tätigkeitsarten, das die Bemühung um eine einzige theoretische Begründung *a limine* vereitelt (und den Wunsch nach reinlicher Auseinanderlegung in unterschiedliche Stufen nach Rousseaus Vorbild gar nicht erst aufkommen läßt):

Erstens vermittelt die Schule examenstaugliches, in Fächer eingeteiltes Wissen; diese Vermittlung beginnt früh (zu früh!) und endet nie, weil es kein inneres, im Wissen selbst liegendes Maß dafür gibt; die philosophische Fakultät der mittelalterlichen Universität hatte eins: im Trivium und Quadrivium, also den Voraussetzungen und Elementen des juristischen, medizinischen und theologischen Studiums – sie war eben kein Gymnasium, kein Ort der allgemeinen Menschenbildung, sondern ein Propädeutikum; das alte humanistische Gymnasium hatte ein solches: am (begrenzten) Modell der Griechen und Römer erkennen, was den Menschen ausmacht; jede Fachschule hat ein solches: in den für die Berufe A, B und C notwendigen Kenntnissen und Fertigkeiten; eine Weltanschauungsschule – eine Ordensschule oder eine Napola – hat eines: in dem, was ihre Sicht der Welt bestätigt. Die staatliche (säkulare) Pflichtschule für alle in einer pluralistischen Gesellschaft hat kein wirksames Kriterium für eine Begrenzung, wenn sie behauptet, nur »nützliches« oder »von der Wissenschaft geprüftes« oder »grundlegendes« oder »exemplarisches« Wissen zu geben, – was ihr bleibt, ist in jedem Fall uferlos.

Zweitens bildet die Schule formale Fähigkeiten aus; neben den elementaren Kulturtechniken waren das einst vor allem das logische Denken (an Mathematik und Latein), korrekte, verständliche, differenzierende Sprache (aus unterschiedlichen Anlässen von der Übersetzung bis zum Gedichtvortrag), sittliches Urteil (am Besinnungsaufsatz oder einer entsprechenden Lektüre), durch Experiment kontrollierte Beobachtung (an den Naturwissenschaften), aber auch das Extemporieren, die Einteilung der Zeit, die Disziplinierung der Arbeit; heute sind es vor allem Abstraktion und Kommunikation, Kooperation und Selbständigkeit, Informationsaufnahme und -weitergabe, die Fähigkeit, sich auf neue Lagen umzustellen. Mit Beglückung stellt man fest, daß die moderne Wirtschaft ähnliche Eigenschaften bevorzugt wie die moderne Pädagogik. Beide sprechen von Schlüsselqualifikationen – meist im Gegensatz zu enzyklopädischen Vorstellungen von Schulbildung.

Drittens übt die Schule in bestimmte Verhaltensformen ein und rüstet die Schülerinnen und Schüler auf bestimmte gesellschaftliche Probleme zu; das reicht von Umweltschutz bis AIDS-Prävention, von Computerbenutzung bis Verkehrserziehung; in den USA gehört das Autofahren seit Jahrzehnten zur Grundausstattung des Menschen mit sogenannten *skills* – neben *home making, child rearing, business education* (Schreibmaschine!) und *first aid*, Fertigkeiten, die alle beherrschen sollten wie die Muttersprache und gute Manieren und die weder Bildung noch Ausbildung genannt werden können.

Viertens kompensiert die Schule für falsche, einseitige Lebensformen, zumal solche, die sie selbst hervorbringt; die Schülerinnen und Schüler treiben Sport, Künste, Handarbeit, Musik, Geselligkeit.

Aus dieser kleinen Übersicht folgere ich: Dies *alles* kann nicht gemeint sein, wenn lebenslanges Lehren und Lernen gefordert wird. Es kann dabei nur um die erste Tätigkeitsart – die Vermittlung von Wissen – und allenfalls um die dritte Tätigkeitsart gehen – die Einübung in Verhaltensformen, die neu verlangt werden, und die Einführung in Mittel oder Verfahren, die neu gegeben sind. Zu diesen gehören in erster Linie die elektronischen Medien, die uns in der einen Hinsicht entlasten, uns dafür in einer anderen – der politischen und philosophischen – doppelt fordern.

Daraus folgere ich weiter: Wir müssen erstens prüfen, in welcher Form, durch welche Instanzen, in wessen Verantwortung dies geschehen soll – und ob Lehren dann noch nötig und förderlich ist; wir müssen zweitens prüfen, welches Wissen, welche Fertigkeiten und Verhaltensweisen überhaupt an den Schulen gelernt werden sollen. In der Nötigung zu dieser Prüfung sehe ich eine Chance für die Erholung, wenn nicht Erneuerung der geplagten Schule. Der Schule kann eine Bürde abgenommen werden, die sie auf allen – gedachten oder nicht gedachten – Stufen an ihrem eigentlichen Gesamtauftrag hindert, vor allem auf den beiden unteren, die sie in ihrer Theorie nicht selbständig begründet und in ihrer Praxis zu bloßen Vorstufen der nachfolgenden macht. Der eigentliche Gesamtauftrag ist, hier übernehme ich die Begriffe *institutio* und *formatio* der Römer, die Ein-Richtung der jungen Menschen in unseren gewollten und bekannten Ordnungen mit dem Ziel der selbständigen Wahrnehmung der gewollten Chancen und der selbständigen Bewältigung unbekannter Schwierigkeiten.

Nach der Oberstufe, die noch systematische Belehrung, d. h. Einweisung in spezialisierte Wissensgebiete mit philosophischer und das heißt begründender und verknüpfender Reflexion verbindet, setzt sich das Lernen nun in zwei Weisen fort: im freien, liebhabermäßigen Sich-Bilden und in der geordneten Begegnung mit und Aufnahme von neuen Erkenntnissen, sei es im gewählten eigenen Tätigkeitsbereich, sei es in einem neu zu betretenden Feld, also Weiterbildung oder Ausbildung. Von diesen meine ich, sie seien besser von den Berufsgruppen her zu organisieren als vom Staat. Der hat es ja nicht einmal dazu gebracht, seine stärkste und freieste Bildungseinrichtung, die Universität, zu einer nennenswerten Zusammenarbeit mit den von ihr bedienten akademischen Berufsgruppen zu veranlassen. Das Zentrum für Wissenschaft und berufliche Praxis (ZWubP) der Universität Bielefeld ist einsam geblieben und führt selbst eine kümmerliche Existenz.

11
Bei geeigneter Stufung des institutionalisierten Lernens können beide Elemente der Bildung – das platonische und das pragmatische – zu ihrem Recht kommen.

Wenn die Schule die ihr hauptsächlich zukommenden Aufgaben in der gebotenen Abfolge richtig erfüllt – die der Einrichtung und Einübung in den Grundordnungen unserer Kultur und die der Ausbildung aller Kräfte des Menschen »durch die Verknüpfung unseres Ichs mit der Welt« zu einer freien und regen »Wechselwirkung« (Humboldt I, S. 334) –, dann ist das *lifelong learning* möglich, für den einzelnen nicht dauerhaft entmündigend und für die Gesellschaft unschädlich: Dieser vor allem bekommt es nicht, wenn sie ihre politischen Probleme in Lernprobleme verwandelt (beispielsweise statt wirksamer Verkehrsregelung Verkehrserziehung treibt), wenn sie also mehr auf die Anpassung der Menschen an die Verhältnisse als auf die Anpassung der Verhältnisse an die Menschen vertraut. Den gleichen Gedanken kann ich auch so ausdrücken: Wenn die Schule das Ihre getan hat, dann muß man gar nicht für das weitere Lernen sorgen – das unternimmt der in Humboldts Sinn Gebildete dann selber: in Bibliotheken, am Radio und beim Fernsehen, auf Reisen und in Gesprächen. Wo ein Spezialtraining benötigt wird, werden sich die Interessenten zusammentun und eine entsprechende Aus- und Fortbildungseinrichtung schaffen. Für vieles haben wir sie schon. Vor allem haben wir die Volkshochschulen (in der Notzeit nach dem Ersten Weltkrieg aus der Arbeiter-Bildungsbewegung hervorgegangen), so daß hier nicht wieder wie auf Ivan Illichs Lernmarkt die Besitzenden den Vorteil haben.

Aber die Schule tut etwas anderes und ist mit ihren Lehr- und Lernformen ein schlechtes Vorbild für das lebenslange Lernen, das schon gar nicht dessen bloße Fortsetzung sein sollte.

Eine Weiter-Bildung, deren Programm »Lernprozesse steuern« lautet (wie ein vor kurzem in einem renommierten pädagogischen Verlag erschienenes Buch im Titel verkündet), verfehlt, nein, verfälscht diese Aufgabe. Ihr Autor empfiehlt ein »Dreiebenenmodell«: 1. *Inhaltsgestaltung* mit »realistischer Festlegung des Lehr-/Lernziels«, einer Entwicklung von Lehr-/Lernsequenzen, einer Kontrolle des Erfolges; 2. *Gruppenzusammensetzung und Gruppenentwicklung* mit Hilfe einer »Soziologik«, deren zentrale Frage lautet: »Was braucht die Gruppe, um Lernfähigkeit zu entwickeln?«; 3. *Einzelpersonen und ihre Veränderung* mit dem Ziel, sie in die Lerngruppe zu integrieren, und eine Anweisung an die Lehrenden, sich bei ihrer »Führungsarbeit« an der »Psychologik« der Beteiligten zu orientieren. (Karlheinz A. Geißler, *Lernprozesse steuern*, Weinheim/Basel 1995, Beltz Verlag, S. 18 f.) Allein die Reihenfolge dieser drei Merkpunkte ist aufschlußreich: Was als Subjekt der Bildung am Anfang stehen sollte, kommt zuletzt und wird als potentieller Störfall behandelt. Im übrigen ist in diesem Weiterbildungskonzept alles – von der Begrüßung bis zu den möglichen »Schlußsituationen« – auf das genaueste geregelt, alle Organisationsformen sind beschrieben, alle Schwierigkeiten vorhergesehen, alle Anlässe – von der Arbeitslosigkeit bis zur Persönlichkeitskrise – bedacht und zu »Beziehungsarbeit«, »Konsumarbeit«, »Gesundheitsarbeit«, »Erziehungsarbeit« systematisiert. Erster Satz: »Lehren, das ist das Führen von Gruppen« (S. 14) – eine Konditionierungstechnik, die rationelle Organisation eines nur kollektiv denkbaren Verfahrens; zweiter Satz: »Das Lernen ist heute zur Arbeit geworden« (S. 12) – eine der Anleitung bedürftige, von anderen vorgedachte, nur »geregelt« vorstellbare Tätigkeit in Gruppen. Und dies alles am nachweisbaren Erfolg ausgerichtet wie das Lehren und Lernen in der Schule! Machen wir uns frei davon – durch Bildung!

Zu 2 – ein Ausgleich der Bildungsabsichten und -mittel unter den Schulen in der Horizontalen: In den Neuen Ländern drängen die Eltern auf die Errichtung von Gymnasien – im wesentlichen, weil sie von der »Einheitsschule« wegkommen wollen. Sie wünschen sich, daß ihre Kinder eine Bildung erhalten und nicht nur Unterweisung. Sie haben zugleich Probleme mit der Finanzierung, der Lehrerausstattung, dem Fehlen einer entsprechenden Tradition. Hier wäre die Chance und das Übungsfeld für eine

Bildungsschule für alle, die der Grundschule folgt und die der Oberstufe vorausgeht.

So unwahrscheinlich es ist, daß die Eltern, die politischen Parteien, die Schulverwaltungen sich jetzt auf einen solchen Weg verständigen – in zwei Jahrzehnten könnte man auf einem Umweg doch dahin gelangt sein! Die Gründe sind vielfältig, nicht alle haben den gleichen Rang, und einige könnten auch gegenläufige Wirkungen haben – zum Beispiel der, daß die größte und fortschrittlichste Industriegesellschaft, die amerikanische, sich von vornherein eine High School für alle, also eine Art Volksgymnasium bis zum 16. Lebensjahr verschrieben und davon auch am Ende unseres Jahrhunderts mit seiner rasanten wissenschaftlichen Entwicklung nicht abgelassen hat. Dieser Grund könnte ja die Entgegnung auslösen: Genau das – die amerikanischen Verhältnisse – wollen wir nicht! Aber die Übernahme von immer mehr Tätigkeiten, die Intelligenz und Geschicklichkeit verlangen, durch den Computer, die Rolle des (bis dahin vermutlich in das System der Telematik integrierten) Fernsehens, die fortgesetzte Abnahme der Erwerbstätigkeit könnten der Schule die Vorsorge für *marketable skills* ihrer Absolventen abnehmen. Die Schule wird für die Kulturtechniken dasein und für die Bildung – mit einem beträchlichen Anteil an Wissen, das für sich wichtig ist und nicht zu etwas.

Schon heute, sagen die Experten, würden die Tätigkeiten der Menschen einander immer ähnlicher; die alte Unterscheidung zwischen Weißkittel-Jobs und Blaukittel-Jobs verliere ihre Bedeutung; der Landwirt erarbeite seine Ernte am Rechner wie der Bankkaufmann seine Bilanzen, der Vorarbeiter sitze vor einem Kontrollschirm wie der Internist vor seinem Tomographen, der Bauarbeiter steuere einen Baukran, der kaum weniger kompliziert sei als ein

Teleskop der Astrophysiker. Das mag so sein – ich sehe noch immer Menschen, die schwere physische Arbeit verrichten, und andere, die am Schreibtisch sitzen und denken; und die letzteren bekommen in der Regel sehr viel mehr Geld. Eine Bildungsschule für alle befürworte ich – der Leser hat das hinreichend mitbekommen – mit ganz anderen Argumenten: mit der Notwendigkeit einer Bildung, die den einzelnen zum Subjekt seiner Handlungen, auch seiner Bildung macht. Das muß früh, vor der Schule, beginnen und in der Schule bestärkt werden, bis er sich als Erwachsener – das ist er für mich mit 16 Jahren – selber gegen die Verzweckung behaupten kann. Unsere Schulen haben im Einvernehmen mit den Eltern und mit dem Blick auf die Welt etwas anderes im Sinn. Auch sie meinen es gut mit ihren Schülerinnen und Schülern und bemühen sich im Rahmen ihrer Möglichkeiten darum, daß sie später einmal »gebraucht« werden können. Dem opfern sie eine so entscheidende Erfahrung wie das »hier und jetzt und als der, der ich bin, Gebrauchtwerden« und garantieren mitnichten, daß ihre beschränkten Bemühungen Erfolg haben. Schon heute, da das Berechtigungssystem noch einigermaßen funktioniert, versagen sie hierin. Ja, sie versäumen das, was ich »die Menschen stärken« nenne, vornehmlich dort, wo sie die »Bedürfnisse des Lebens« meinen unmittelbar bedienen zu müssen.

Lebensfähigkeit ist in unserer Gesellschaft in der Tat weitgehend durch Berufsfähigkeit definiert: die Fähigkeit, zu studieren, eine Lehrstelle einzunehmen, sich in das Beschäftigungssystem einzufügen, sich und seine Familie zu ernähren. Wer das nicht kann, scheitert – und der Schule wird angesonnen, eben diese Form des Scheiterns zu verhindern. Die Berufsfähigkeit schließt (gottlob) viele Elemente der allgemeinen Kulturfähigkeit ein, also der Fähigkeit, den geistigen, moralischen, politischen Ansprüchen der Gesellschaft gemäß zu leben und diese dadurch zu erhalten. Da aber das solchermaßen bestimmte »Allgemeine« der Bildung nicht unmittelbar nutzbar ist, führt es in den Schulen eine Scheinexistenz, es fällt didaktischen Maßnahmen wie »Anwendungsbezug« und »Praxisorientierung« und also doch dem Prinzip der Verwertbarkeit zum Opfer (Englisch statt Latein, Informatik statt Mathematik), oder es gerät zum Bildungsfetisch (Latein statt Englisch, Mathematik statt Computer). Daß sie die Aufklärung, die Selbstverantwortung, das Über-den-Verhältnissen-Stehen fördern, beanspruchen die Realisten wie die s.v.v. Personalisten gleichermaßen. Bildung freilich müßte beides verbinden, nicht das eine zum anderen addieren, sondern das eine durch das andere betreiben: die Stärkung der Person durch die Klärung und Aneignung von »Welt«. Das war das Programm Wilhelm von Humboldts.

Das – von mir gern unterstellte – Bemühen von vielen Schulleuten, den Menschen durch Bildung zum Subjekt seiner Handlungen, zum Herrn über die Verhältnisse zu machen: über den Computer, die Spezialisierung, die Komplexität, den teuflischen Zusammenhang von allem mit allem, wird freilich durch die vorgängige Unterwerfung unter einen bestimmten gesellschaftlichen Auftrag ausgehebelt, nämlich Ausbildungs-, Erwerbs- und soziale Aufstiegschancen zu verteilen. Dies geschieht aufgrund ausgewählter schulischer Leistungen, an denen man die künftige Leistungsfähigkeit in der Gesellschaft meint ablesen zu können. Um gerecht oder doch objektiv zu sein, beschränkt man den Nachweis auf bestimmte Gebiete, man macht sie meßbar und setzt die Schülerinnen und Schüler unter einen permanenten Erfüllungsdruck. Dadurch vernichtet man den pädagogischen Auftrag der Schule, nämlich jeden einzelnen nach seinem Vermögen zu fördern und ihn zu selbständiger Leistung zu befähigen. Man verhindert erfolgreich, daß die Schülerinnen und Schüler das Lernen in der Schule als ihre eigene Sache erkennen, eben als Bildung. Von der redet man in allen möglichen Wortverbindungen weiter – von Bildungsboom bis Bildungsurlaub –, aber man betreibt etwas anderes: die Rationalisierung der Lernprozesse zur rechtzeitigen, allmählichen, sozialverträglichen Eingliederung der jungen Menschen in die sogenannte Arbeitswelt, die eine Erwerbswelt ist. Aus Bildung ist Nachwuchsverwaltung geworden.

Mein Plädoyer für die Bildungsschule für alle verlangt einen Ausgleich unter den Schulen: Die Hauptschule und die Realschule übernehmen mehr von den Bildungsmitteln und Absichten des Gymnasiums – die mit den *Anlässen* »Geschichten«, »Gespräch«, »Sprache und Sprachen« (Arbeit an und Spiele mit der Sprache, ein früher und durchgehender Umgang mit einer Fremdsprache, die spätere Wahl einer zweiten), »Politik«, »Musik« bezeichneten Möglichkeiten, und das Gymnasium übernimmt solche der Hauptschule und der Realschule – die mit den *Anlässen* »Naturerfahrung«, »Arbeit«, »Aufbruch« bezeichneten Möglichkeiten. Und auf dem Weg sind schon viele Schulen – vor allem die Gesamtschulen, die dies *ex officio* tun.

Noch einmal: »Bildung« ist kein Gegenwort zu Welt, Wirklichkeit, Lebenskampf. Bildung ist nicht Elfenbeinturm, nicht Bücher, nicht Besinnungsaufsatz. Aber es liegt eine Zumutung der Fremdheit in der Bildungsidee. Diese Fremdheit hat Humboldt »Welt« genannt. Er hat sie definiert als das, »was wir nicht sind«. Sehr hilfreich ist dies nicht – außer durch die Strenge, mit der wir nun gehalten sind, die Sache selber zu entscheiden.

Das alte Gymnasium machte seinen Schülern diese Zumutung – es machte sie bis zur Grausamkeit. Die damalige Volksschule folgte ihm, konnte freilich so weit nicht gehen und war ebenfalls grausam. Die Realschule richtete sich nicht nach geistiger Zucht (dem *ablativus absolutus* des Lateinunterrichts) und nicht nach moralischer Zucht (dem Katechismus des Dorfschulmeisters), sondern nach den Realien. Die hatten ihr Maß in sich. Das gab dieser Schule am Anfang unseres Jahrhunderts das Ansehen zeitgemäßer Sachlichkeit und Humanität. Noch immer steckt im dreigliedrigen Schulsystem etwas von dieser Aufteilung, die nach Ausgleich verlangt. Alle drei Schularten kommen heute ihren Schülern entgegen, manchmal – möchte man meinen – mehr als diesen lieb ist. Sie tun es nicht nur in den Umgangsformen (sie sind freundlich), sie tun es auch mit ihren Gegenständen, denen sie alle Härte zu nehmen trachten. Hier muß man gut aufpassen und die Aufforderung zum Ausgleich nicht als Forderung zum Gleich- und Glattmachen mißverstehen. Verständlich soll das sein, was man lernt, aber darum nicht schon geläufig, vertraut, ohne Kontur.

Das ganz und gar Fremde wird sich der Aneignung entziehen. Das Nahe und Vertraute bedarf ihrer nicht. Das Objekt der Aneignung muß Anlaß zu Staunen, Frage, Forschung, Selbstprüfung geben. Das gilt auch für Gut und Böse, für Wahr und Falsch, für Schön und Häßlich. Die bloße Wiedergabe oder Wiederholung der »schlechten« Wirklichkeit durch die Schule, damit die Schüler erfahren, wie die Welt ist, erzieht zu Willfährigkeit und zynischer Ausnutzung und nicht dazu, das gute Leben zu wagen. Idealisierung und Perfektionierung entmutigen oder pflanzen Illusionen ein.

Wenn Schulbücher andere Welten, beispielsweise die des Islam oder des Mittelalters, verständlich machen wollen, müssen sie zugleich Anreiz dafür geben und vermittelnde Ähnlichkeiten oder Analogien einbringen; wenn sie unsere Wirklichkeit erhellen wollen, müssen sie sie umgekehrt verfremden oder mit einer anderen Wirklichkeit in Vergleich setzen. Oft tun sie das Gegenteil: sie mystifizieren oder banalisieren das Fremde – allein schon durch die Fülle perfekter Abbildungen, die sich nicht selbst erklären, die man hinnimmt, nicht einnimmt. Andererseits glätten sie auch noch das schon so Geläufige. Eine Kollegin, die kürzlich einem Verlag ein Buch mit Sprachspielen für den Unterricht vorlegte, wurde gebeten, aus »Bierdosen« lieber »Limonadedosen« zu machen und an einer anderen Stelle den »Korkenzieher« fortzulassen – wie alles, was an Alkohol erinnere. In einem Spiel, bei dem eine Liste vorgegebener Wörter durch die »Kobold«-Vorsilben er-, ver-, zer- verändert werden sollten, mußte dafür Sorge getragen werden, daß die Kinder nicht etwa ein »Zerplatzkonzert« bilden, weil das »gewalttätig« sei, während »Ertrinkschokolade« gerade noch durchgehen konnte. Bei einem Vokal-Wechsel-Spiel durfte aus Druckfehler nicht Dreckfehler werden, weil ein solches Wort Anstoß erregt oder zu unflätiger Rede verführt. *Moral correctness* als Zeichen einer absurden Entfernung von Schule und Wirklichkeit, ein Zeichen von Weltvermeidung statt von Weltaneignung! Die letztere kann spielend oder widerständig oder anstrengend vor sich gehen, aber sie muß bewußt werden und sich lohnen!

Zu 3 – eine andere Anordnung der Gegenstände: Wenn es um die Bildungswirkung und nicht um das nach jedem Abschnitt und am fernen Ende nachweisbare Wissen geht, werden die Schulgegenstände ganz anders daherkommen können, als ihre Vertreter dies heute für sie erstreben: als durchgehendes Fach mit hoher Gewichtung im Abschluß. Die in Abschnitt IV aufgezählten Anlässe können gar nicht stetig, mit gleichbleibender Wochenstundenzahl vorkommen – das würde ihre Wirkung vernichten. Sobald man es aber mit Unterrichtsereignissen unterschiedlicher Struktur zu tun hat und nicht mit den homogenisierten endlosen Wissenssträngen, die man Fächer nennt, ergeben sich die fruchtbaren Berührungen, Überschreitungen und Spannungen von allein, die man heute mit »fächerübergreifenden Themen«, »Projekten« und der Organisation des Stoffes nach »Schlüsselproblemen« anstrebt. Dazu braucht der Schultag eine andere Zeit-, Raum- und Personalordnung – vieles von dem, was Hessens Kultusminister Hartmut Holzapfel mutig gegen alle Gewohnheiten, auch die seiner eigenen Behörde, seiner Partei, der mit ihr verbündeten Gewerkschaften, an seinen Schulen durchzusetzen sich anschickt. Und dazu wiederum braucht die Schulgemeinde eine größere Verfügungsermächtigung über ihre Ressourcen und inneren Ordnungen.

Kontinuität – auch sie ist notwendig – muß und kann man durch andere Mittel sichern, zum Beispiel durch die Aufstellung von sogenannten Spiralcurricula, die die Anknüpfung der neuen Erfahrung an die schon gehabte, die Steigerung des Anspruchs, die Erweiterung des Gesichtskreises und die Bewährung in der Anwendung sichern (dieses Verfahren schildere ich weiter unten, wenn ich die Rolle der herkömmlichen Fächer behandele), sodann durch die Konferenzen und die Berichtspflicht der Lehrer, die der Preis für ihre vermehrte Selbständigkeit sind. Die Strukturen offener Systeme sind einfacher und strenger als die geschlossener, die ihre Tätigkeit bis in die letzten Verästelungen regeln (können). Wichtiger als die jeweilige Regelung ist, daß das Prinzip, dem sie dient, von allen verstanden ist.

An der Laborschule sieht die Sachgliederung so aus: In den Jahrgängen o (Vorschuljahr) bis 2 gibt es keine Gegenstandseinteilung; der Tag und die Woche sind nach Lebens- und Lernformen gegliedert; Schreiben, Lesen und der Umgang mit Zahlen sind bei jeder Gelegenheit, die diese Künste fordert und zuläßt, dran; sie gehören zu dem, was man hier tut und braucht – wie das manierliche gesellige Essen, das Erkunden des umliegenden Geländes, die Spiele, das Singen, das Versorgen und Beobachten der Tiere, das Einkochen von Fallobst, die Besprechung der gegenseitigen Probleme und der gemeinsamen Ordnungen. Das Maß und die Systematik des jeweiligen Lernens haben die Lehrer in der Hand, den Schülern sind sie nicht bewußt, sie sind mit der Sache befaßt. Die Schule ist für sie ein einziger erfüllter Lebensraum – neben den drei anderen, dem Lebensraum Familie und Wohnung, dem Lebensraum Straße und Stadt, dem Lebensraum Natur.

In den folgenden Jahrgängen wird dieser Lebensraum in fünf Erfahrungsbereiche eingeteilt, die die folgenden Namen tragen: (1) der Umgang mit Menschen, (2) der Umgang mit Sachen – beobachtend, messend, experimentierend, (3) der Umgang mit Sachen – spielend, gestaltend, erfindend, (4) der Umgang mit dem eigenen Körper und (5) der Umgang mit Gesprochenem, Geschriebenem, Gedachtem, der sich aus »technischen« Gründen bald in den Erfahrungsbereich Sprache und den Erfahrungsbereich Mathematik aufgeteilt hat.

Im letzten Drittel der (bis zum 10. Schuljahr reichenden) Laborschule entwickeln sich die herkömmlichen Fächer aus den Erfahrungsbereichen, in denen sie ja von vornherein mit angelegt waren: aus »Umgang mit Sachen – beobachtend, messend, experimentierend« gehen Physik, Chemie, Biologie hervor – und so fort.

Ich hätte sagen sollen: die Sachgliederung »war« so. Sie hat sich an der Erfahrung weiterentwickelt und verändert. Die Lehrer waren hier die Subjekte ihres Handelns. Sie haben zum Beispiel eine Zwischenstufe nach der ersten eingeführt, um den Übergang, der auch durch eine veränderte Gruppengröße und -zusammensetzung und ein neues Haus besonders hart geraten war, zu mildern. Oder sie haben interdisziplinäre Kurse gestrichen, die neben den Einzelfächern vorgesehen waren – als deren Klammer, zum Beispiel *general science* für die Naturwissenschaften; die Idee hatte nicht gegriffen: Interdisziplinarität setzt Disziplinarität voraus, die aber entstand hier ja erst. Außerdem waren diese Kurse überflüssig, weil es von vornherein drei große Projektphasen im Jahr gab, in denen der normale Stundenplan den fächerübergreifenden Unternehmungen der Stammgruppen weicht.

Dies ist eine Möglichkeit, das Feld der Gegenstände zu gliedern, so, daß die Bildungsanlässe, -ereignisse und -wirkungen im Vordergrund stehen und nicht die abstrakte Fächersystematik, die gleichwohl als die in der Gesellschaft (in den Berufen und in der Wissenschaft) dominante Ordnung zu ihrem Recht kommt. Die Schüler erfinden für sich die Notwendigkeit, das innere Gesetz oder doch die Vorteile der Disziplinen; sie sind nicht von vornherein und für immer deren dienstbare Vollstrecker.

Zu 4 – eine andere Zeit- und Raumverteilung: Daß die 45-Minuten-Stunde ein zu enges Korsett für lebendige Bildung ist, weiß jeder. Aber solange Bildung an Quantitäten (neun Jahre Mathematik, fünf Jahre Latein, drei Wochenstunden Deutsch, zwei Wochenstunden Religion) gemessen wird und nach Schwierigkeitsgraden (Physik schwer, Geographie leicht), so lange werden auch die Fächer an ihrem Anteil und an der Gleichverteilung über das Jahr und die Schulzeit festhalten. Der Schematismus wird seine erstickende Macht weiter ausüben. Sobald dieses Prinzip gebrochen ist, wenn andere »Maßstäbe« gelten (zum Beispiel die oben vorgestellten), dann wird man die ja nicht unbekannten Alternativen nicht mehr ausschließen: Epochenunterricht, Thementage, das außergewöhnliche Ereignis, die Arbeit in der Bibliothek, im Labor, im Schulzoo oder -garten.

Vor allem wird man sich nicht an das Schulgebäude gebunden fühlen und auch nicht an das beamtete Lehrpersonal. Man wird aus der Schule hinausgehen in Museen, Botanische Gärten, Parteiversammlungen, Gerichtssäle, Kirchen, das Arbeitsamt – nicht nur gelegentlich, sondern nach Plan und, wo möglich, mit dem Anspruch auf Teilnahme. An der Laborschule sind die in jedem der drei letzten Jahre stattfindenden dreiwöchigen Praktika, der sechswöchige Aufenthalt in England, die Teilnahme an einer polnisch-deutschen Unternehmung (natürlich heißt sie Projekt) zur Rettung eines gefährdeten Waldes die für die Schüler wichtigsten Bildungserlebnisse, wenn es nicht doch die große, monatelang alle Freizeit verschlingende und alle Kräfte beanspruchende Theateraufführung ist.

Wenn Hartmut Holzapfel den Schultag um neun Uhr beginnen und um 15.30 Uhr enden lassen will, um ihn zu vermenschlichen und zu entzerren, hat er recht und tut vor allem etwas für die Bildung, nicht nur für die Modernisierung der Arbeitsorganisation der Schule und gegen den »Fluchtreflex« der Lehrer. Er könnte den großen Bruno Bettelheim zitieren, der die »Zwischenzeiten« zu den pädagogisch wichtigsten erklärt hat. In den Gründungsjahren der Laborschule sprach man von fünf Zeitkategorien: Formaler Unterricht, Nutzung der Erfahrungs- und

Lerngelegenheiten, Geselligkeit, Gemeinschaftsdienst und Politik in der Schule, Verrichtungen. Für die sollte vorgesorgt sein, um aus der Belehrungsanstalt einen Raum für bedeutende Erfahrungen zu machen. Wenn der hessische Kultusminister gefragt wird, was die Schüler in der Zeit machen, in der nicht Unterricht ist, sagt er: »Es müssen selbstverständlich Angebote gemacht werden, beispielsweise zum Spielen und Toben.« (DER SPIEGEL 5/1996) Das ist nicht nur eine zu karge Antwort, sie zeigt vor allem, wieviel Spielraum da für Besseres ist: für Erprobung, Aneignung, Besinnung, Gespräch, Weiterlesen, Selbermachen, die Organisation von Eigen- und Gegenwelten und also eine Menge Phantasie, Philosophie, Politik. Dazu braucht man zwar auch Angebote, aber besser noch Vorbilder und Anstifter. Der Werkmeister und die Bibliothekarin, der Schulkoch und die Sekretärin, der Zivildienstleistende und die Praktikantin aus Samara stehen oft im Mittelpunkt von Unternehmen, in denen Schüler etwas in der Schule Gelerntes aus-üben oder etwas in der Schule Vermißtes aus-denken; und das Treppenhaus, die Teeküche, der kleine Wald hinter der Schule nehmen geduldig viele Tätigkeiten auf, die im Klassenraum keine Statt finden.

12

**Die Oberstufe ist die Stufe der Wissenschafts-
propädeutik, der Berufswahl und der Überleitung
in die Berufsvorbereitung.**

Die Einweisung der gymnasialen Oberstufe in die gedachte neue Gliederung habe ich schon vorgenommen. Dennoch muß ich den Leser ein weiteres Mal mit diesem

Trakt des Bildungswesens befassen. Es geht nicht nur um den so oder anders bezeichneten Auftrag dieser Institution, es geht auch hier um eine Klärung der »Bildung«, die in der gymnasialen Oberstufe so etwas wie ihre Gralsburg hat. Hat sie sie wirklich? Wie sieht Bildung auf der Oberstufe tatsächlich aus? Was wird daraus in der empfohlenen neuen Aufgabenverteilung?

Im Gespräch, um nicht zu sagen im Gezänk, ist die Oberstufe seit Jahrzehnten – seit sie aufgrund der Klagen der Hochschullehrer reformiert und »studienähnlicher« gemacht worden ist: die Fächerzahl des einzelnen Schülers verringert um »vertiefter« Arbeit willen, ihre Wahl beziehungsweise Abwahl ermöglicht, um Selbstverantwortung und Beteiligung zu wecken, die Gegenstände und Frageweisen verwissenschaftlicht, um den Übergang zu erleichtern. Nun klagen die Hochschullehrer wieder: Die Abiturienten seien schlecht auf das Hochschulstudium vorbereitet. Sie meinen damit sehr Unterschiedliches. Nicht nur »Grundkenntnisse« fehlten, heißt es, sondern auch »basale Kompetenzen« und »Schlüsselqualifikationen«. Im einzelnen betrachtet handelt es sich um recht eigentümliche Mängel: Der Beginn des Zweiten Weltkriegs, das Jahr, in dem die Berliner Mauer gebaut wurde, der Autor von *Deutschland ein Wintermärchen*, der Schöpfer der *Mona Lisa* würden nicht gewußt (DER SPIEGEL 23/1995); die Abiturienten seien unfähig, »komplizierte Mathematik-Aufgaben ohne Taschenrechner zu lösen«; Jura-Studenten »können in ihren Schriftsätzen kein vernünftiges Deutsch formulieren; die Absolventen der Schule seien unselbständig, nicht kooperationsfähig, unflexibel«. (Ebenda) Keiner von diesen Vorwürfen muß etwas mit »Bildung« zu tun haben. Ob einer gebildet ist oder nicht gebildet, läßt sich nicht mit Hilfe von Wissenstests und den üblichen Befragungsmethoden ermitteln. Ihnen kann man entnehmen, wie weit welche »Information« verbreitet ist und welche Einstellungen vorherrschen. Wenn Dozenten es für beklagenswert halten, daß angehende Jura-Studenten den Zweck einer Gemeindeordnung nicht kennen, dann sagt das mehr über ihr eigenes Verständnis vom Hochschulstudium aus, als es Aufschluß über die heutige Schul-Bildung gibt. Wie selbständig, kooperativ und flexibel die jungen Menschen in anderen Angelegenheiten und Lebenskreisen sind, erfährt man nicht im Massenseminar, bei der Wahl von Referatsthemen und in der Konkurrenz um Scheine. Es gibt nicht viele taugliche Untersuchungen zum Kenntnisstand und zur Verhaltensdisposition von heutigen Studenten; diese bestätigen neben beträchtlichen Fachkenntnissen zwar auch manches Defizit, aber kein alarmierendes*; sie machen vor allem deutlich, wie schwer es ist, etwas zu beurteilen, das man nicht vorher genau zu bestimmen vermocht hat. Sieht man auf die Antworten, die die mit der Sache befaßten Politiker vorschlagen, wird die Verwirrung deutlich: Auf die angedeuteten Mängel reagiert ein (gewichtiger) Teil von ihnen mit der Forderung, es den Gymnasiasten »schwerer zu machen« (voran der bayerische Kultusminister Hans Zehetmair), »die Leistungsanforderungen an das Abitur zu erhöhen« (der Präsident des Deutschen Hochschulverbandes Hartmut Schiedermair); die CDU-regierten Länder verlangen, es müßten bestimmte (harte) Fächer im Abitur geprüft und deren Zahl um zwei auf fünf erhöht werden. Außerdem wird von den Ländern, die selber ein Zentralabitur haben, ein

---

* Siehe Ludwig Huber, *Nur allgemeine Studierfähigkeit oder doch allgemeine Bildung? Zur Wiederaufnahme der Diskussion über »Hochschulreife« und die Ziele der Oberstufe.* In: Die Deutsche Schule 1/1994.

solches in der gesamten Bundesrepublik angestrebt. Welches die »unverzichtbaren« Kernprüfungsfächer sind, darüber streitet man noch; unstrittig sind Deutsch, Mathematik, Fremdsprachen. »Bildung« (im offiziellen Sprachgebrauch heißt es immer »allgemeine Bildung«) meint hier also: durch Prüfungen erzwingbare anspruchsvolle Leistungen in einzelnen (nicht miteinander verbundenen), weitgehend formalen Fächern. Diese stehen auf der Liste, weil von ihnen alle Hochschuldisziplinen profitieren können. Von Biologie oder Wirtschaftslehre oder Religion läßt sich das nicht behaupten. Freilich, was ein Fach »allgemein« macht, macht es darum noch nicht »grundlegend« oder entscheidend oder bedeutend, vor allem nicht, wenn es gar nicht unter diesem Gesichtspunkt gelehrt worden ist, Mathematik nicht als Kunst der Mathematisierung, Deutsch hingegen als Literaturwissenschaft.

Von den zwei ständig beschworenen Aufträgen des Gymnasiums – »allgemeine Bildung« und »allgemeine Hochschulreife« – wird der erste ausschließlich als im Dienst des zweiten stehend angesehen und darin durch die Reform der Reform gestützt. Ein mögliches drittes Element, das »Fitmachen für das Berufsleben« (der Vorsitzende des Philologenverbandes Heinz Durner in: *FAZ, 31. Januar 1995*) erfährt überhaupt keine Berücksichtigung dabei, obwohl ein Fünftel bis ein Viertel der Abiturienten nicht an die Hochschule weitergeht.

Das Dilemma der Bildung entsteht nicht erst in der Oberstufe mit dem doppelten (oder dreifachen) Auftrag – es ist in der Bildungsschule und ihrer Geschichte angelegt: Die an der wissenschaftlichen Hochschule ausgebildeten Gymnasiallehrer haben dort ja nicht »Bildung« gelernt, sondern eine wissenschaftliche Disziplin. Bis in unser

Jahrhundert hinein verstand sich das Gymnasium – mit Recht – als »Gelehrtenschule«. Die Substanz ihres Unterrichts stammte und stammt ihrerseits aus der disziplinär forschenden und an wissenschaftlichen Interessen orientierten Universität. Da hilft es wenig, wenn man nachträglich die Fächer – deren Addition von sich aus keine Bildung konstituiert – so oder so bewertet, so oder so kombiniert, zu ihnen »Lernbereiche« erfindet und diese über die Trennlinien legt, folgerichtig schon in der Grundschule, weil wir in ihr schon mit der »kleinen Universität« beginnen, als die der Vorsitzende des Deutschen Philologenverbandes Durner das Gymnasium versteht (*FAZ*, 26. Juni 1995). Die folgenden »Lernbereiche« sollen in die Lehrpläne Eingang finden und »im Unterricht strukturierend wirken: Spracherziehung, mathematische Erziehung, Medienerziehung, ästhetische Erziehung, Umgang mit Technik, Bewegungserziehung, Fremdsprachenbegegnung, Umfeld- (sic!) und Gesundheitserziehung, Heimatverbundenheit und Weltoffenheit«. (Empfehlungen der Kultusministerkonferenz vom 6. Mai 1994 zur Arbeit in der Grundschule, Ziffer 1.2). Das soll »auf eine neue innere Entwicklung der Grundbildung zulaufen« (ebenda). Was das wiederum heiße, wagt man nicht zu fragen – diese Sprache ist so zum Erbarmen mit all ihren gewicht- und bedeutungheischenden Epitheta, daß man daran lieber nicht rührt. Da wird »grundlegende allgemeine Bildung« von »erweiterter allgemeiner Bildung« von wiederum »vertiefter allgemeiner Bildung« unterschieden – und die gemeinsame Schubkarre für diese Marmorblöcke heißt »vermitteln«. Zur letztgenannten Form von Bildung lautet ein typischer Satz: »Sie wird im Bildungsgang des Gymnasiums vermittelt nach Maßgabe der Abschlüsse im Sekundarbereich II und entsprechend dem System der Hochschulreife.« (*Profil, Das Magazin für Gymnasium und Gesellschaft*, hg. vom Deutschen Philologenverband, Heft 11/1995, S. 19)

Nicht geringer ist die Unklarheit über die »allgemeine Hochschulreife«. Die Vermutung verstärkt sich nach all den Jahren eifrigen Forschens und heftigen Debattierens, daß es eine befriedigende Bestimmung von dieser nicht geben kann – außer in der pragmatischen Form: Wer an der Hochschule zurechtkommt, hat sie, wer nicht zurechtkommt, hat sie nicht.* Denn jeder andere Begriff von Hochschulreife setzt eine Norm für die Hochschule voraus. Diese gibt es nicht. Es könnte ja sein, daß sie selber für einen Teil des Versagens aufkommen muß, zum Beispiel für dasjenige, das durch die Differenz zwischen der postulierten allgemeinen Hochschulreife und den speziellen Voraussetzungen einzelner Disziplinen verursacht wird. Erfahrungen mit der Universität haben mich sehr früh gelehrt, daß die Hochschule die »erniedrigende« Anstrengung nach unten nicht machen werde, die Schule hingegen eher die »nobilitierende« Anstrengung nach oben; die wissenschaftliche Einrichtung bringt das pädagogische Interesse nicht auf, das sie den Studienanfängern schuldet; die Entwicklung eines deutschen College habe ich darum lieber den Lehrerinnen und Lehrern der Gymnasialen Oberstufe anvertraut und das entsprechende Bielefelder Projekt »*Oberstufen*-Kolleg« genannt.

Vollends unklar ist, wie sich allgemeine Bildung und

---

* Zu diesem Schluß ist die New York City University schon vor Jahrzehnten gekommen; sie nimmt darum alle Bewerber ohne Prüfung und Voraussetzung auf und entscheidet nach einem Studienjahr über deren Verbleib. Während dieses Jahres stehen eine Fülle von Förder- und Brückenkursen und anderen Hilfen zur Verfügung und ein die Studenten genau beobachtendes Personal.

Hochschulreife im gemeinsamen Lernprozeß *zueinander* verhalten – wie die Veranstaltungen aussehen müssen, wenn Studierende beide gleichzeitig in ihnen erwerben sollen. Ich habe seit der Veröffentlichung von *Magier oder Magister? (Über die Einheit der Wissenschaft im Verständigungsprozeß*, Stuttgart 1972, Ernst Klett Verlag) und meiner Magna Charta des politisch gefährdeten Oberstufen-Kollegs (*Die Krise des Abiturs und eine Alternative*, Stuttgart 1980, Klett-Cotta) deutlicher, das heißt weniger vorsichtig darüber zu reden gelernt. Ich bleibe dabei, daß die Oberstufe (oder das Kolleg) der (allgemeinen) Wissenschaftspropädeutik dient und daß die (allgemeine) Bildung in ihm neben dieser weitergeht, nicht nur, weil sie beim Eintritt der Kollegiaten noch nicht abgeschlossen ist, sondern weil die Wissenschaften und das Lernen der Wissenschaft selber auf Bildung angewiesen sind: als Verständigungsmittel und als das, was ihre strenge Methode und Arbeitsteilung überschreitet und mit der Lebenswelt verbindet – mit den Aufgaben, denen die hochformalisierte Erkenntnisweise dienen soll. Aber ich trenne nun das Kolleg von der Schule und gebe beiden unterschiedliche Aufträge bei weitgehender Gemeinsamkeit der Gegenstände. Die Schule ermöglicht Bildung unter Hinzunahme und Berücksichtigung der erfolg- und wirkungsreichsten Erkenntnisform, der Wissenschaft. Das Kolleg treibt Wissenschaftspropädeutik unter Hinzunahme und Berücksichtigung der Bildung. Die Arbeit des Kollegs nimmt ihren Ausgang in den gemeinsamen Funktionen der Wissenschaft, ihren drei P, ihren Prinzipien, Prozeduren und Problemen. In dem Bielefelder Oberstufen-Kolleg habe ich in der Planung eine Liste von fünf Funktionszielen, genauer Funktionszielpaaren vorgegeben: Abstraktion und Kommunikation, Quantifizierung und Relationierung, Vereinbarung und Entscheidung, Experiment und Objektivierung, kreative Wahrnehmung und Gestaltung. Diese Funktionszielliste wurde als »Hypothese« eingeführt und damit unterstellt, daß sie verifiziert bzw. falsifiziert werden könne, und das hieß hier, daß der Funktionszuwachs meßbar zu machen sei. Die Ratio der Liste war vielfältig:

– Die von der Wissenschaft bestimmten und die der Wissenschaft dienenden Tätigkeiten sind auf die genannten Funktionen angewiesen.

– Das Leben in der interdependenten und interaktiven Gesellschaft ist weitgehend und zunehmend auf die gleichen Funktionen angewiesen.

– Die Liste ist knapp genug, um sie bei der Planung des Kurses zu berücksichtigen und bei seiner Auswertung zu überprüfen.

– In der getroffenen Anordnung repräsentieren die fünf Funktionszielpaare wesentliche Sachbereiche der allgemeinen Bildung: Sprache, Mathematik, Politik, Naturwissenschaften, Künste. (Vgl. *Die Krise des Abiturs*, S. 240 f.)

In einer besonderen Unterrichtsart (im Ergänzungsunterricht) sollten sie bewußtgemacht, geprüft, geübt, aufeinander und auf die Disziplinen bezogen werden – in zwei Fünfteln der Zeit des Kollegiaten. Zwei weitere Fünftel sollten zwei wissenschaftlichen Disziplinen gelten – in der Regel den späteren Studienfächern (Wahlunterricht). Ein Fünftel der Zeit war der gemischt-gemeinsamen Anwendung auf reale Probleme gewidmet (Gesamtunterricht). Man sieht hier das zugleich dienstbare und belebende Verhältnis der Bildung zur Wissenschaftspropädeutik.

Die Oberstufe sollte ihren Namen ändern und konsequenter-, aber nicht notwendigerweise auch ihren Standort – meist im oberen Stock eines Gymnasiums oder einer Gesamtschule. »Kolleg« sollte die Einrichtung heißen, weil in ihr das erfüllt wird, was das amerikanische College leistet. Hätte man ein solches vor 25 Jahren beschlossen, erprobt und eingeführt, wir hätten heute auch für die Neuen Länder ein sachgerechtes, befriedigendes und befriedendes Modell für den Übergang zur Hochschule und müßten diesen nicht eine Lösung aufdrängen, die uns selber Beschwer macht und uns nicht überzeugt. Nun übernehmen sie von uns ein Flickwerk kleinlicher und peinlicher Art – eine Ausleseschule, die nicht ausliest, eine zentralverwaltete Bildung, die nicht bildet, eine Hochschulreife, die von den Hochschulen bemäkelt wird und mehr Zeit (und Personal) braucht als ihre alte.

Es gibt noch einen anderen Grund für die Kollegstufe: Wenn die »Oberstufe« nicht mehr die oberste Stufe und Vollendung der gymnasialen Bildung ist, sondern eine eigene Aufgabe zwischen der Bildungsschule und der Hochschule (der Ausbildungsstätte für die Berufe, die sich unmittelbar der Wissenschaft bedienen) erfüllt, dann tritt sie in eine Beziehung und Parallele zur Berufsvorbereitung auf anderen Gebieten, die ihrerseits einen mehr oder weniger hohen Theorie- oder Wissenschaftsanteil haben. In einem Verbund der Kollegs ist ein Wechsel vom einen zum anderen möglich; man legt sich nicht früh und endgültig auf ein Universitätsstudium oder eine Berufsausbildung fest; wer Literatur studieren wollte, kann immer noch an ein Kolleg für Künste oder soziale Berufe oder Seefahrt übergehen: weil die Rolle der Bildung an diesen Einrichtungen die gleiche sein wird wie an der wissenschaftspropädeutischen Einrichtung. Die Max-Brauer-Schule in Hamburg wird mir nicht verübeln, wenn ich ihr Verfahren als eine Variante dieses Prinzips auslege: Die (allgemeine) Bildung ist dort die Summe der Fertigkeiten und Kenntnisse, die das Verstehen und Bearbeiten eines komplexen gesellschaftlichen Problems ermöglichen. So etwas wird dort »Profil« genannt und kann vom Studierenden beispielsweise für »Kulturenvielfalt« oder »Umwelt« erworben werden.*

Ich wage die Formulierung: Auf dieser Stufe wird Bildung zum Lebens-Mittel – auf der voraufgehenden Stufe war sie Lebens-Form oder sollte es gewesen sein. Das Sachwagnis ist nicht geringer als das Wortwagnis. Trotz 20 Jahren Oberstufen-Kolleg und seiner reichen, das Prinzip bestätigenden Erfahrungen ist das wissenschaftspropädeutische Kolleg noch weitgehend Zukunftsaufgabe – und muß anderswo nicht genauso gemacht werden wie in Bielefeld. Wenn es beispielsweise Gründe für die Besorgnis gibt, die Zeit für die Bildungsschule sei nicht ausreichend, kann man das Kolleg um ein Jahr verschieben oder an seinem unteren Ende um ein Jahr kürzen. Auch die für Bielefeld erfundenen und dort eingeführten Unterrichtsarten kann man sich anders denken. Entscheidend ist die unterschiedliche Bestimmung des Auftrags der Bildungsschule und des wissenschaftspropädeutischen Kollegs, also daß die immer frühere und gründlichere Unterwerfung der Bildung unter die Hochschulvorbereitung ein Ende hat.

---

* *Profil.* Max-Brauer-Schule, Hamburg 1992. Zu beziehen bei der Max-Brauer-Schule, Daimlerstraße 40, 22761 Hamburg. Ein Schulgesetzentwurf des Landes Hamburg will diese Form der Oberstufenarbeit mit »Schwerpunkt« oder »Profil« auch an anderen Schulen ermöglichen.

13
Die Fächer der herkömmlichen Schule sind brauchbare Anlässe für Bildung.

Hier beginnt der versöhnliche Teil meiner Ausführungen. Was die Schule tut, kann sehr wohl dem dienen, wovon die Rede war und ist und was sich an den genannten Maßstäben ausmachen lassen soll – freilich in meist anderer Einteilung. Unsere Schulfächer werden ja behandelt, als seien sie die Bildung selbst. Sie sind jedoch nur eine Ressource, ein Übungsfeld, eine von vielen Ordnungsmöglichkeiten. Ich glaube nicht, daß es sinnvoll ist, die Bildungspläne sofort von Grund auf neu zu gliedern. Das ist eine Angelegenheit von Jahrzehnten. Wer hier wirklich etwas verändern und nicht nur verbessern will, tue dies in kleinen Schritten unter Nutzung des tauglichen Alten. Man kann die Bildung in den herkömmlichen Einteilungen wiederherstellen – und dann zu neuen Einteilungen durchstoßen, wenn man auf dem Weg nicht weiterkommt.

Mustere ich den Kanon unserer Schulfächer und halte ich meinen Maßstab-Katalog daran, dann scheint mir erstens keines unserer gewohnten Fächer untauglich und überflüssig; finden sich zweitens für jedes mühelos mehrere Bewährungsmöglichkeiten (Kunststück, denn derjenige, der die Maßstäbe aufgestellt hat, hat sich an diesen Fächern gebildet!); kann drittens keines so bleiben, wie es ist, wenn es seine Wirkungen ganz auf diese Maßstäbe hin tun will. Man muß die Schulfächer vor ihrer eigenen Systematik und Abgeschlossenheit retten – ihrem meist vom Ergebnis her begründeten Aufbau, ihrem Anspruch auf Vollständigkeit, ihrer Beschränkung auf sich selbst – und sie oft *darum* anders benennen und einrichten.

Es ist müßig, an dieser Stelle nun eine Zuordnung von

einzelnen Fächern zu einzelnen Maßstäben vorzunehmen: »Abscheu vor Unmenschlichkeit« erreiche man am besten mit Hilfe von Geschichte (Auschwitz) und Geschichten/ Literatur (Antigone), die »Wahrnehmung von Glück« mit Hilfe von Musik, die »Wachheit für letzte Fragen« mit Hilfe von Religion und Philosophie. Das wäre nicht nur müßig, weil immer vom einzelnen Gegenstand und der Weise seiner Behandlung, vom Kontext der mit ihm gemachten Erfahrung abhängig, es wäre auch falsch: Die Maßstäbe – ich bestehe darauf – sind nicht Ziele. Ein Maßstab für Bildung sagt nicht, was die Bildner tun sollen, sondern woran sie erkennen können, ob Bildung stattgefunden hat. Wenn die Bildner diese Maßstäbe annehmen, wird ihnen die Wahl ihrer Mittel erleichtert. Unter den drei Bedeutungen, die das Wort gemeinhin haben kann, werden sie sich vor allem der Erfüllung der einen widmen, die sich am meisten lohnt und zugleich am schlechtesten methodisieren läßt:

Bildung kann erstens einen Stoff bezeichnen, eine kanonisierte Sorte von Kenntnissen; die dazugehörigen Verben lauten »haben« und »wissen«. Bildung kann zweitens ein Vermögen bezeichnen, die Fertigkeit oder Fähigkeit zu etwas; die dazugehörigen Verben lauten »können« und »tun«. Bildung kann drittens einen Prozeß bezeichnen, eine Formung der Person; die kennzeichnenden Verben lauten »sein«, »werden«, »sich bewußtwerden«. Die letzte Bedeutung ist nur denkbar als »Sich-Bilden«, jene Humboldtsche Figur von der Wechselwirkung zwischen Individuum und Welt, zu der mir die Formulierung »die Menschen stärken, die Sachen klären« eingefallen ist. Das hat jedes Fach nun für sich zu prüfen: wie die Klärung seiner Sache zur Stärkung der jungen Menschen beiträgt. Dabei wird sich herausstellen, daß die Fächer, denen man die größte Bildungswirkung zutraut, weil sie formaler Art sind (man also an ihnen nicht besondere Kenntnisse, sondern übertragbare Fähigkeiten und allgemeine Einsichten gewinnt), es besonders schwer haben. Wenn sie dann auch noch unter praktischem Gesichtspunkt gelernt werden – Sprache, um sie (wirkungsvoll/sachgerecht) zu sprechen, Mathematik um ihrer zahlreichen Anwendungsmöglichkeiten willen –, dann entziehen sie sich gern dieser Prüfung.

Darum habe ich Mathematik und Deutsch gewählt, um an ihnen – je mit einer etwas anderen Blickrichtung – zu zeigen, wie die Prüfung aussehen könnte: Mathematik als Beispiel, an dem man sieht, wie die Klärung der Sache die Stärkung der Menschen bewirkt (und die Unklarheit sie versäumt), Deutsch als Beispiel, an dem man sieht, wie das Bedürfnis nach Bildung und Stärkung der Person den Sachen Bedeutung, eine helfende Funktion gibt. Die Mathematik werde ich vom oberen Ende – ihren Möglichkeiten auf der Oberstufe – her angehen, wo naturgemäß das Gesetz der Sache die pädagogischen Rücksichten, Motive und Ziele zurückdrängt. Den Deutschunterricht werde ich vom unteren Ende her angehen und zugleich das Ordnungsinstrument »Spiralcurriculum« vorführen.

Mathematik als bildender Gegenstand

Eine vieldiskutierte Habilitationsschrift mit dem Titel *Allgemeinbildung und Mathematik* (Weinheim 1996, Beltz) von Hans Werner Heymann – vieldiskutiert, weil in ihr u.a. die anstößige These vertreten wird, ein Mathematikunterricht für alle könne und solle auf viele heute in ihm gelehrte Inhalte verzichten und vom 9. Schuljahr an aufgeteilt werden, gleichsam in Laien-Mathematik und

Mathematiker-Mathematik – beginnt mit vier nicht nur plausiblen, sondern nachweisbaren Feststellungen:

– Sehr viele Menschen hätten große Schwierigkeiten mit der Mathematik: sie bleibe unverstanden.

– Dem entspreche eine negative Einstellung zum Unterrichtsfach, das diese Schwierigkeiten verursache oder nicht beseitige.

– Die Bildungswirkung sei darum gering, ganz im Widerspruch zu den Preisungen der Theoretiker.

– Die Kluft zwischen dem, was der durchschnittliche Mathematikunterricht den Schülern und Schülerinnen mitgebe, und der Mathematik, auf der die hochentwickelte Wissenschaft und Technik basierten, sei immer schwerer zu überbrücken; gleichzeitig »verschwinde« die Mathematik in den Geräten, wo sie gar nicht mehr verstanden zu werden verlange.

Das konstituiert in der Tat ein Problem der Bildung und nicht der Mathematik. Je beherrschender die Mathematik in unseren Lebensgrundlagen wird, um so mehr nimmt sie der einzelne als Magie wahr. Diese Wahrnehmung wird in der Schule – also von vornherein – angelegt. Die kleinen Jungen und Mädchen – beeindruckt von den Zauberern – ergeben sich in das Abrakadabra; sie verzichten auf das Denken angesichts eines Gegenstandes, der ihnen das Denken beizubringen behauptet. Nichts illustriert dies besser als ein Versuch, von dem Stella Baruk in ihrem Buch *Wie alt ist der Kapitän? Über den Irrtum in der Mathematik* (Basel 1989, Birkhäuser Verlag) berichtet: Kindern in der zweiten und dritten Klasse wurde die Frage vorgelegt: »Auf einem Schiff befinden sich 26 Schafe und 10 Ziegen. Wie alt ist der Kapitän?« Von den 97 befragten Schülern haben 76 für ihre Antworten die vorgegebenen Zahlen in irgendeiner Weise verrechnet. Auch von älteren

Schülern, ja sogar von Mathematiklehrern wurde die Sinnlosigkeit der Frage »zu einem erschreckend hohen Prozentsatz« nicht erkannt.

Diese Geschichte zusammen mit anderen, die auf einem Kongreß über Allgemeine Mathematik im Oktober 1995 in Darmstadt vorgetragen wurden*, und unzählige eigene Wahrnehmungen machen mich ebenso skeptisch gegenüber den fortgesetzten Beschwörungen des Bildungswertes der Mathematik und den Forderungen nach einem Mathematikunterricht, der der Bedeutung der Mathematik in unserer Welt gerecht werde, wie gegenüber den Versuchen, Mathematik dadurch »allgemein« zu machen, daß man sie gleichsam entmathematisiert. Das geschieht auf zwei sehr unterschiedliche Weisen. Die einen bemühen sich, die Mathematik vornehmlich durch kulturgeschichtliche Kuriositäten und ästhetische Wunder sowohl harmlos wie interessant erscheinen zu lassen: Mathematik – das ist die Rechenweise der Babylonier und der Inkas, auf Neuguinea und in Japan, ägyptische Landvermessung und griechischer Tempelbau, Baccarat und Labyrinthe; Buckminster-Fuller-Dome und Pyramiden; Perspektive und Ballistik; Zahlenquadrat und Zahlenmystik; Unendlichkeit und Relativität; Statistik und Computer; Kristall und Seestern. (Dieser Versuch, Mathematik in die allgemeine Bildung zurückzuholen, ist vor allem ein Mißverständnis von allgemeiner Bildung!) Die anderen wollen »fachspezifische Themen« der Mathematik vermeiden und sich auf das beschränken, was der Durchschnittsmensch, der Nichtmathematiker später noch braucht,

---

* Von Lisa Hefendehl-Hebeker in einem Referat mit dem Titel *Verständigung über Mathematik*; es erscheint demnächst in einem von Rudolf Wille herausgegebenen Tagungsband.

also »alltagsorientierte Mathematik«. Und dabei spart man natürlich auch noch kostbare Unterrichtszeit. Ich bin umgekehrt sicher, daß man den Mathematikunterricht weder kürzen muß noch kann, wenn man ihn wie Martin Wagenschein betreibt. Das Staunen und das Verstehen, das er erzeugt, brauchen ihre Zeit. Wo diese beiden nicht entstehen, ist der Mathematikunterricht sinnlos, ein verlorener Aufwand. Was mit dem Staunen gemeint ist, möchte ich an einem Beispiel aus dem Buch von H. D. F. Kitto *Die Griechen* (München 1978, Prestel, S. 326) veranschaulichen.

»Ich habe selbst einmal – man gestatte mir bitte, daß ich für einen Augenblick persönlich werde – diese Erfahrung an einem schlafraubenden Stück mathematischer Forschung gemacht (Mathematiker dürfen lächeln!). Mir kam einmal die Frage, was wohl die Differenz zwischen dem Quadrat einer Zahl und dem Produkt ihrer beiden Nachbarzahlen sei. 10 x 10 ergab 100 und 11 x 9 ergab 99, also eins weniger. Es war interessant, daß die Differenz zwischen 6 x 6 und 7 x 5 ebenfalls eins war, und mit wachsender Erregung entdeckte ich und bewies mir algebraisch das Gesetz, daß das Produkt der beiden angrenzenden Zahlen immer eins weniger sein muß als das Quadrat. Der nächste Schritt war, die Nachbarzahlen plus bzw. minus eins zu betrachten, und zu meinem größten Entzücken entdeckte ich ein ganzes System von Zahlenverhältnissen, von deren Existenz mir meine Mathematiklehrer (Gott sei Dank!) nichts verraten hatten. Mit zunehmender Verwunderung arbeitete ich die Liste aus: 10 x 10 = 100; 9 x 11 = 99; 8 x 12 = 96; 7 x 13 = 91; und fand heraus, daß die Differenzen nacheinander eins, drei, fünf, sieben, eben die ungeraden Zahlen waren. Aber noch verwunderlicher war die Entdeckung, daß, wenn man jedes der Produkte der Reihenfolge nach von dem ursprünglichen Hundert abzieht, die Reihe 1, 4, 9, 16 entsteht. Man hatte mir nie erzählt, und ich hatte nie vermutet, daß die Zahlen so ernste und wunderschöne Spiele miteinander spielen, von Anbeginn zu Anbeginn, unabhängig (wie es scheint) von der Zeit, vom Raum und vom menschlichen Geist. Das war ein eindrucksvoller Blick in eine völlig neue Welt.«

Wer so staunt, wird sich ganz anders auf die Zahlen einlassen als einer, dem sie selbst-verständlich sind, so selbstverständlich, daß er nicht mehr über sie nachdenkt – und sich daranmacht, das Alter eines Kapitäns aus der Zahl der Schafe und Ziegen zu berechnen, die sich auf seinem Schiff befinden.

Was aber soll verstanden werden? Welche und wieviele mathematische Erscheinungen und Gesetze? Bis zu welchem Grad der Spezialisierung?

Dies möchte ich nun, wie gesagt, »vom oberen Ende her« prüfen.

Man tut gut, zwischen zwei bildenden Funktionen der Mathematik zu unterscheiden[*]:

---

[*] Die folgenden Gedanken über den Mathematikunterricht sind zum Teil wörtlich aus meinem (vergriffenen) Buch *Die Krise des Abiturs und eine Alternative* (Stuttgart 1980, Klett-Cotta, S. 282 ff.) entnommen. Hier finden sich ausgiebige Darstellungen ähnlicher Art für Deutsch, Fremdsprachen, Naturwissenschaften, Geschichte/Politik/Gesellschaft, die Künste, Sport, Religion und anderes. Ich kann die gründlichen Ausführungen von damals weder wiederholen noch umschreiben, noch sollte ich sie kürzen. Ich muß den interessierten Leser bitten, dies auf den S. 270 – 320 nachzulesen – und nach Belieben und Bedarf auch in den 250 Seiten mit Prüfungsbeispielen, die die Anforderungen und Mittel dieser Bildung veranschaulichen – freilich nur für die Kollegstufe mit dem Hauptauftrag Wissenschaftspropädeutik.

(1) Mathematik zu lernen bedeutet eine formale Erkenntnishilfe durch das Verstehen mathematischer Begriffe und Operationen. Mit »formal« ist dabei die Sache selbst und nicht ihre Folge gemeint. Es geht nicht darum zu behaupten, die Erkenntnis oder Fertigkeit sei auf andere Gebiete übertragbar, also um eine Wiederaufnahme der Behauptung von der sogenannten »formalbildenden Wirkung der Mathematik«. Es geht vielmehr darum, das der Mathematik innewohnende Prinzip der durchgängigen Rationalität zu erkennen: Unter welchen Voraussetzungen es wirksam sein kann, mit welchen Ergebnissen, um welchen Preis. Es geht, mit anderen Worten, um die allgemeinen theoretischen Bedingungen, unter denen Mathematik existiert und angewandt werden kann. – Hiermit wird die Mathematik als eine »Geisteswissenschaft« etabliert, ja, als die strengste aller Geisteswissenschaften.

(2) Mathematik zu lernen kann auch heißen, die mathematischen Prozeduren beherrschen, die man auf den verschiedensten Gebieten in verschiedensten Formen entwickelt hat, kurz: die *Anwendung* jenes Prinzips der durchgehenden Rationalität. Der allgemeine Wert dieser Funktion mehr für eine allgemeine Wissenschaftspropädeutik als für eine allgemeine Bildung liegt in einer Art mathematischer Gemeinsprache; die verschiedensten Gegenstände werden durch Mathematisierung verknüpfbar; zwischen einzelnen Größen – Energie und Geschwindigkeit, Temperatur und Druck, Raum und Zeit, Intelligenz und Leistung, Produktionszuwachs und Bildungszuwachs – lassen sich eindeutige Relationen herstellen. Hiermit wird die Mathematik als »pragmatische Hilfswissenschaft« etabliert.

Es handelt sich nicht um zwei Formen von Mathematik, sondern um zwei auf der Ebene der Sekundarstufe II unterschiedlich lehrbare und unterschiedlich nützliche Funktionen. Dabei kann man die erste schadlos ohne die zweite lernen, die zweite aber nicht schadlos ohne die erste: Man riskiert einen philosophischen Fundamentalirrtum. Die Natur und viele menschliche Ereignisse lassen sich vermessen – aber die Größen, die man dabei gewinnt, sind nicht Eigenschaften der Sache oder der Sachlage, sondern die menschliche Weise, sie brauchbar festzuhalten: an einer dafür oder dadurch definierten Beziehung.

Die Funktion (1) liegt der Mathematik des Gymnasiums überhaupt zugrunde. Unter dem Eindruck der Naturwissenschaften und ihrer Forderungen hat man im Laufe der letzten 100 Jahre, insbesondere unter dem Einfluß von Felix Klein zu Anfang unseres Jahrhunderts, immer neue mathematische Erfindungen in die Schule aufgenommen und sie dadurch ebensosehr kompliziert wie pragmatisiert. Erst in den letzten 20 Jahren hat man angeleitet durch die Kritik kompetenter Didaktiker (Wagenschein, Behnke, Bauersfeld) die Mathematik ihrer philosophischen Funktion wieder zuzuführen versucht.

Mathematik in der Funktion (2) kann in dem für die Einzelstudien geforderten Maß nicht mehr als gemeinsame und allgemeine Mathematik an den Gymnasien gelehrt werden – nicht jedenfalls ohne all die Erscheinungen wiederzubeleben, die zur Reform der gymnasialen Oberstufe geführt haben. In der Saarbrücker Rahmenvereinbarung (1960) hat man aufgrund dieser Erscheinungen die Mathematik abwählbar gemacht. Zehn Jahre später wurde sie als Pflichtfach wieder voll eingesetzt – aber nicht aus pädagogischen Gründen, sondern um einem Nachwuchsmangel im mathematisch-naturwissenschaftlichen Bereich abzuhelfen. Dies hat der Schule die wahre Antwort auf die wahre Frage erspart, warum denn so viele

Gymnasiasten von dem Recht Gebrauch gemacht haben, Mathematik abzuwählen: weil der Unterricht bis dahin sie nicht davon überzeugt hat, daß dieses Fach wichtig, aufregend und lernbar zugleich ist. Die Wahlfreiheit hat dies nur ans Licht gebracht, und die Verpflichtung zur Mathematik deckt dies wieder zu.

Eine andere Antwort war die Einführung der sogenannten mathematisch-naturwissenschaftlichen Gymnasien. Wilhelm Flitner schrieb 1961 dazu (*Die Gymnasiale Oberstufe*, Heidelberg, Quelle & Meyer, S. 64):

»Wenn manche naturwissenschaftliche und technische Fakultäten der Meinung sind, daß die naturwissenschaftlich-mathematischen Gymnasien ... die sachgemäße Maturität für sie wären, so durchbrechen sie mit diesem Satz das Prinzip der gemeinsamen Hochschulreife und sehen faktisch diese Schulart als Vorbereitung für ein Spezialstudium, ihr Abitur also nicht für ein vollgültiges und allgemeines, sondern als ein Fachschulabitur an.«

Wer heute innerhalb der gymnasialen Oberstufe Mathematik und Naturwissenschaften zum Schwerpunkt wählt, geht damit so weit, wie Wilhelm Flitner damals befürchtet hat, und zwar im wesentlichen weil die Mathematik nicht zu der Funktion (1) zurückgefunden hat, sondern in der Funktion (2) weit fortgeschritten ist. Ein Blick in die *Einheitlichen Prüfungsanforderungen in der Abiturprüfung Mathematik* (sog. Normenbücher der Kultusministerkonferenz) oder gar in die Regelungen für die Aufgabenstellung in der Neugestalteten Gymnasialen Oberstufe des Landes Nordrhein-Westfalen macht deutlich, wie weit sich die Reform von ihrem Ansatz entfernt hat, wie unwahrscheinlich es ist, daß diese Mathematik von allen Abiturienten auch in ihren Prinzipien verstanden und nicht nur in ihren Techniken vollzogen wird, wie widersinnig es also ist, diese hochspezialisierte Tätigkeit für die allgemeine Wissenschaftspropädeutik zu reklamieren. Über das, was eine unerläßliche »Mindestqualifikation« im Bereich der Mathematik ist, gibt es heute keinen Konsens – nicht, weil man sich über die Funktion der Mathematik im unklaren ist, sondern weil man Hochschulreife nach wie vor institutionell definiert.

Angesichts hiervon meine ich, daß eine Teilung des Mathematikunterrichts auf der Oberstufe notwendig und segensreich ist. Dies habe ich darum auch dem Oberstufen-Kolleg empfohlen. Mathematik für alle kann es hier nur in einem sehr elementaren Sinn geben, der für die Wissenschaftspropädeutik keine unmittelbare Bedeutung hat. Im übrigen lernt jeder Kollegiat die Mathematisierung, die in seinen ja schon gewählten zwei Studienfächern vorkommt. Das muß er um dieser Fächer willen. Wie der Theologe Griechisch und Hebräisch im Studium in einer dafür geeigneten Form lernt; wie der moderne Mediziner die sprachliche Entschlüsselung seiner internationalen Fachterminologie nicht an dem Wortschatz des Kleinen Latinums gewinnt, sondern in eigens für ihn gemachten Lehrbüchern zum Tatbestand Griechisch und Latein in der Sprache der Medizin (Cornelius Nepos' *Heldenleben* und Cäsars *Krieg in Gallien* haben da nie viel geholfen, und der *Ludus Latinus* hat in vier Jahren unter 3000 Wörtern wenig mehr als 200 dazu beigesteuert); wie der Jurist an der Universität eine eigene Einführung in das Rechtsdenken bekommt – so kann und soll der Physiker seine Art von Mathematik mit Analysis und Vektorenrechnung, Differential und Integral, Mengenlehre und Gruppentheorie in seinem Fach lernen, der Sozialwissenschaftler seine Statistik, der Wirtschaftswissenschaftler seine Wahrscheinlichkeitsrechnung.

Alle jedoch, die ein wissenschaftliches Studium antreten, sollen eine Anschauung davon haben, was Mathematisierung bedeutet – im Prinzip und an unterschiedlichen Einzelbeispielen und ihrer Gegenüberstellung (Mathematisierung in der Biologie, Mathematisierung in der Musik, Mathematisierung der Informationsprozesse, Mathematisierung der Risiken usw.). Zur »Anschauung« davon, was Mathematisierung – also die Umsetzung von qualitativer Wahrnehmung in quantitative Beziehungen – ist, gehört freilich zunächst eine »Anschauung« von Mathematik: der elementaren Rechenarten, der elementaren algebraischen Verhältnisse (Potenz und Wurzel, Proportion und Reihe, Gleichung und Näherung), der geometrischen Grundbegriffe (Figuren und Körper) und Operationen (Abbildungen, Vektorenrechnung, Trigonometrie). In der Weise, in der man dies in einem auf sich gestellten Mathematikunterricht normalerweise lernt, wirkt dies alles abstrakt und schwierig. Die hier gestellte didaktische Aufgabe besteht darin, die Benutzung des mathematischen Grundinstrumentariums zur Klärung und Beschreibung einer Sache zugleich zur Klärung und Beschreibung eben dieses Instrumentariums werden zu lassen. Dabei werden die Anlässe, Grundsätze, Wirkungsweisen und Grenzen der Quantifizierung, Relationierung und Strukturalisierung fast von allein deutlich. Auf die unterschiedliche Zugänglichkeit der Materien und Frageweisen für die Mathematisierung muß man dagegen aufmerksam machen.

Deutsch als bildender Gegenstand

Ich komme zum Fach Deutsch, das ich, wie gesagt, »von unten her« angehen will.

Das Fach Deutsch, wie es ist, hätte keiner von uns für

die Schule erfunden. Nun ist es da – Ergebnis eines Fachstudiums Germanistik, die sich freilich selten mit dem abgibt, was der Deutschlehrer nachher im Unterricht braucht.

Welchen Aufbau die Germanistik hat, ob überhaupt einen oder beliebig viele, weiß ich nicht. Für die Schule und ihr Fach Deutsch könnte er nicht maßgeblich sein. Wissenschaft verlangt

– die Bezeichnung und systematische Zuordnung aller ihrer Teile, was die Angabe ihrer Gegenstände einschließt,

– die Beschreibung, Begründung, Beschränkung der zu verwendenden Methoden,

– die Abgrenzung zu anderen benachbarten Disziplinen,

– die Kenntnis der Geschichte der jeweiligen Disziplin,

– die Beherrschung der wichtigsten Hilfsmittel und nicht zuletzt die Forschungsrichtungen und -vorhaben.

Von der Sache her wirken nur die beiden Hauptbestandteile in die Schule hinein: Sprache und Literatur; in der ersteren die Wortkunde, die Grammatik, die Stilistik; in der zweiten exemplarische Werke und exemplarische Entwicklungen. Die Auswahl der, sagen wir abkürzend und ungeschützt »Lektionen«, der Gegenstände und Aufgaben des Unterrichts; die Verteilung dieser auf die neun oder dreizehn Jahre; die Einteilung innerhalb dieser – das alles muß von der Pädagogik bestimmt werden, von den Lern- und Bildungsmöglichkeiten der Kinder, vom Auftrag der Schule. Was wofür steht (»exemplarisch« ist), läßt sich nur bedingt mit Hilfe von Wissenschaft feststellen.

Zunächst einmal bezeichnet Deutsch unsere Sprache. Sie gut zu beherrschen ist schon die Hälfte der notwendigen Ausstattung des Menschen für das Leben und für sein Leben. Sie beherrschen – das ist hier ähnlich wie beim Mathematikunterricht – hat eine pragmatische und eine philosophische Seite. Die philosophische ist mit den Wörtern Sprachbewußtsein oder Sprachreflexion belegt. Diese ist nicht erst in den oberen Klassen (wenn man meist keine Zeit mehr dafür zu haben meint) möglich, wie der kleine Ausblick auf den »Grammatikunterricht für alle am Latein« angedeutet hat. Daß derselbe Sachverhalt von Menschen verschieden benannt wird, daß die Welt auch in anderen Sprachen »stimmt« – das löst schon bei den Kleinen Nachdenken über das Verhältnis von Wort und Wirklichkeit aus. Das tut freilich nicht erst der Vergleich mit fremden Sprachen, und nicht alles muß als Erkenntnis festgehalten werden. Sprachbewußtsein entwickelt sich aufgrund einer einmal eingenommenen, dann durch fortgesetzte Anregung bestärkten Einstellung – durch Sprachspiele, durch Ableitungen, durch Erfindung.

Die pragmatische Sprachbeherrschung wird an unseren Schulen intensiv und extensiv geübt. Diese Übung hat nicht nur gute Folgen. Die Aufmerksamkeit auf die »Richtigkeit« der Mitteilung überlagert deren Zweck. Man mag am Ende keine Geschichte oder keinen Brief mehr schreiben, weil einem das doch nur lauter Fehler beschert.

Als ich die Laborschule entwarf, habe ich ein Fach Deutsch nicht vorgesehen. Sprache – sprechen, schreiben, lesen – geschieht dauernd und überall; die Verbesserung des aktiven wie des passiven Sprachvermögens kann und sollte in der Schule dauernd geschehen – an den Gegenständen und in den Funktionen, die »jetzt« gerade danach verlangen: daß genau verstanden oder schnell assoziiert oder besonders wirksam, überzeugend, mitreißend, ökonomisch, individuell geredet werde – in den Naturwissenschaften anders als in der Politik, in persönlichen Angelegenheiten anders als auf dem Theater oder in der (Schul-)Zeitung.

Auch die Literatur ist zunächst nicht ein Gegenstand wie, sagen wir, die Geschichte der Griechen, die Geographie der Neuen Länder, die Welt der Pflanzen, die Astronomie. Dazu macht man sie – zum Zweck ihres Studiums. Es gibt unzählige Einzelwerke mit fast ebenso unzähligen »Absichten« und Wirkungen in einer Vielzahl von Formen und Funktionen. Sie alle werden entweder amalgamiert oder müssen mit großer Anstrengung herausgearbeitet werden, wenn man sie erst einmal in den großen Topf »Literatur« getan hat. Ein jedes Werk der Dichtung will doch zunächst unmittelbar zum Leser sein; die Hilfe der Gelehrten brauchen wir zur Überbrückung des historischen Abstands, gleichsam zur Wiederherstellung der Ausgangsbedingungen; in der Regel geht uns der sogenannte Inhalt etwas an, nicht die Deutungen, das Beziehungsgeflecht, die Wirkungsgeschichte und die Analyse der Form. Das Dichtwerk also sollte da erscheinen, wo es mithelfen kann, eine Sache zu klären oder die Schüler zu stärken.

Ich werde in einem dafür empfänglichen Alter Märchen erzählen oder vorlesen, um der beispielsweise von Bruno Bettelheim genannten Gründe willen* und ebendeshalb auch Märchen schreiben lassen; ich werde Märchen irgendwann später als eine bestimmte Ausdrucksform der Menschheit behandeln und von Mythen einerseits und Phantasiegeschichten andererseits unterscheiden; ich werde dieses Märchen als Beispiel einer bestimmten Lebensphilosophie (etwa eines naiven Subjektivismus: Hans im Glück) einbringen, jenes zur Illustration eines sozialgeschichtlichen Phänomens (etwa der Kindesaussetzung:

---

* Bruno Bettelheim, *Kinder brauchen Märchen*, Stuttgart 1977, Deutsche Verlags-Anstalt.

Hänsel und Gretel), ein drittes zur Klärung eines Tatbestands der Ethik (etwa des moralischen Rigorismus: Marienkind). Und jeweils kann ich auf die frühere »Behandlung« oder »Begegnung« zurückgreifen. Gedichte, Romane, Theater sollten an dieser Schule nicht in erster Linie Gegenstand der sprachlichen und literaturgeschichtlichen Analyse sein; sie haben einen Inhalt und einen Anlaß, und wann der für meine Bildungstätigkeit fruchtbar wird, ist nicht durch einen Lehrplan vorzuschreiben. Brechts *Galileo Galilei* kann der philosophischen Deutung einer naturwissenschaftlichen Erkenntnis (zum Beispiel des Heliozentrismus) ebenso dienen wie dem Verständnis einer historischen Epoche wie der Veranschaulichung einer bestimmten Theorie des Theaters. Ich, der Lehrer, muß mir dieser Möglichkeiten bewußt sein; ich muß dann über sie verfügen können.

An der Laborschule sollten die Lehrer in den fünf Erfahrungsbereichen, die dort die Fächer bis zur 7. Jahrgangsstufe ersetzen, Literatur und Beispiele aus der Geschichte heranziehen, wo immer dies ihrem Gegenstand entgegenkommt. Daß diese pädagogische, ich kann nun genauer sagen: diese Bildungsabsicht sich nicht erfüllt hat, hat im wesentlichen einen Grund: Die Mehrzahl der Lehrer war und ist nicht »gebildet genug«, um ihr ohne erhebliche Zusatzarbeit dienen zu können. Ein Grund mehr, das Einteilungsprinzip unserer Bildungsveranstaltungen anzuzweifeln.

Wir haben nach einigen Jahren an der Laborschule den Deutschunterricht wieder eingeführt, diesen aber nicht inhaltlich festgelegt, so daß die Deutschlehrer durch Absprache mit anderen Lehrern dem ursprünglichen Konzept doch entsprechen konnten: aufgrund eines formalen Abfolgesystems, das man wegen der Form seiner graphischen

Darstellung »Spiralcurriculum« nennt;* ich nenne es für mich ein »lernbiographisches« Modell, weil es weder einer vorgegebenen Sachordnung noch einem (etwa entwicklungspsychologisch begründeten) Altersaufbau folgt. Es erlaubt, den Bildungswirkungen konsequent stattzugeben; es verpflichtet den Lehrer, jeweils zu prüfen, ob dieser Gegenstand in dieser Lage mit diesem Kind oder mit diesen Kindern sinnvoll ist – anhand der im Modell festgehaltenen Kriterien; es stellt einen Zusammenhang zwischen subjektiver Bildung und objektiver Kultur her.

Das Spiralcurriculum hält auf diese Weise eine Mitte zwischen Willkür, Gewohnheit, nicht definierter Tradition, den verschiedenen Formen »spontaner«, »situativer«, »offener« Unterrichtsgestaltung einerseits und streng vorgeschriebenem Aufbau anhand von kanonisierten Gegenständen, Verfahren und Zeitplänen andererseits.

Die verbindlichen formalen »Eintragungen« in das Curriculum sind vom Laborschul-Lehrerkollegium in Anlehnung an die Aufgabe des herkömmlichen Deutschunterrichts vorgenommen worden. Diese hat es auf vier Funktionsziele so aufgeteilt, daß man sie sinnvoll wieder zusammensetzen und aufeinander beziehen kann: andere verstehen / sich ausdrücken und etwas mitteilen / Teilnahme an den wichtigsten Mitteilungsformen unserer Kultur / Begegnung mit den wichtigsten sprachlichen Objektivationen unserer Kultur.

Das Wort »Funktionsziel« ist, wenn nicht eine Erfindung von Martin Wagenschein, so doch ein von ihm in die Didaktik eingebrachter und begründeter Terminus. Er

---

* Vgl. Hartmut von Hentig und Annemarie von der Groeben u. a., *Spiralcurriculum Deutsch*, Heft 4 der Reihe IMPULS (Informationen, Materialien, Projekte, Unterrichtseinheiten aus der Laborschule Bielefeld) 2. Auflage 1995.

verbindet absichtsvoll Punkt (Ziel) und Prozeß (Funktion). Es geht nicht nur darum, daß man am Ende an einer bestimmten Stelle ankommt, sondern daß man auf dem Wege dorthin eine Erfahrung gemacht, eine Einstellung oder Gewohnheit angenommen, eine Aufgabe erfüllt hat. Dadurch wird die Verstofflichung der Ziele des Lernens vermieden. Nicht alles ist ja in dem Satz einzufangen: »Nun kann ich X«. »Verstehen« zum Beispiel ist eine wichtige Fähigkeit. Man kann sich in ihr üben; und manches versteht man am Ende des Lernvorgangs auch. Noch wichtiger will mir scheinen, daß man erfahren hat, was Verstehen ist: wie schwierig und doch möglich, wie notwendig und immer neu. Das gilt für viele sonst als »Lernziele« bezeichnete bedeutende Fertigkeiten und Einstellungen, die durch die taxonomische Einordnung und den Operationalisierungszwang der modernen Didaktik banalisiert und pervertiert worden sind.

Jedes der für den Deutschunterricht genannten vier Funktionsziele erlaubt, ja fordert eine weitere Auslegung.

Unter »Verstehen« sind beispielsweise folgende Auslegungen mitgedacht: erkennen können, einordnen können, einschätzen können, genießen können. Unter »Sich ausdrücken / sich mitteilen« sind die Auslegungen mitgedacht: sich vorstellen können, erfinden können, gestalten können, jeweils den Mut haben, dies zu tun oder die angemessene Zurückhaltung dabei zeigen. Unter »Teilnahme an / Beherrschung von den Mitteilungsformen der Kultur« sind mitzudenken: das Lesen (Zeitungen, Gedichte, Plakate, Tabellen, lange Romane, aber auch Piktogramme und Graphiken), das Schreiben (von Briefen, Protokollen, Erzählungen, Pamphleten, Gedichten), das Diskutieren, das Philosophieren, das Dokumentieren und so fort – und dies alles, wenn nötig und plausibel, in einem Verhältnis zu den Kommunikationsformen anderer Kulturen und anderer Bereiche (der Kunst etwa, der Zahlenwelt, der Pantomime). Unter »Teilnahme an den sprachlichen Objektivationen der Kultur« sind so unterschiedliche Gegenstände möglich wie der Barockroman, *Les Fleurs du Mal*, das ABC, das Vaterunser, die Tragödie und so fort.

Spiralcurriculum

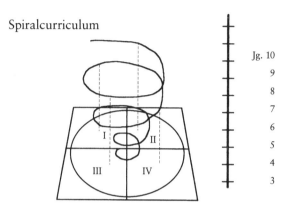

Die Bodenplatte

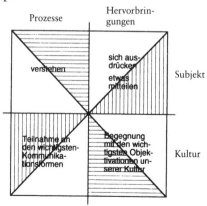

Will man sich das Ganze veranschaulichen, denke man sich eine viereckige, durch ein Kreuz in vier Felder geteilte Bodenplatte, aus deren Mitte eine sich allmählich ausweitende Spirale aufsteigt, die den eigentlichen Verlauf des Wahrnehmungs- und Lernvorgangs nachzeichnet. Sie durchläuft periodisch die vier auf dem Boden eingezeichneten Felder mit immer anderen Gegenständen aus immer anderen Anlässen – aufsteigend und sich erweiternd. Die Mitte der Bodenplatte bezeichnet den Ausgangspunkt: Nähe zur Person / hier und jetzt / Konkretheit; nach außen, auf die Peripherie zu bewegt man sich in Richtung auf Menschheit / dann und dort / Abstraktion. Ein Umlauf (ein *perihodos*) kann ein Schuljahr bezeichnen oder ein Halbjahr oder eine noch kleinere Einheit. Die Spirale kann auch umgekehrt werden; sie kann gedehnt oder verdichtet (zusammengepreßt) werden; sie kann weiter oder enger gezogen sein.

Setzen wir als Beispiel die Bildungsaufgabe »Lesen« ein. Die Laborschüler lernen lesen in der altersheterogenen Eingangsstufe (zwischen dem 5. und 7. Lebensjahr). Das Lesen nimmt im Vorgelesenbekommen seinen Ausgang. Das regt zum Schreiben eigener Geschichten an. Die führen zum Selbervorlesen vor den anderen: *writing to read* heißt das in den USA; Heide Bambach hat das zu einem Bildungsprogramm entwickelt, über das sie in ihrem Buch *Erfundene Geschichten erzählen es richtig* berichtet (Lengwil/Bodensee 1989, Libelle-Verlag).

Ein wichtiger Teil der Lektion »Lesen« ist die große Bibliothek der Laborschule. Ein förmlich ausgewiesenes, also für die Lehrer an der Laborschule verpflichtendes Curriculumelement heißt »Einführung in die Bibliothek und ihren Aufbau« für die Sieben- und Achtjährigen. Alle Laborschüler benutzen die Bibliothek fast täglich. Auch die Jüngsten wissen, wie man ein Buch ausleiht, und sehr bald auch, wie man es selber auffindet. In einem abschließenden Lern- und Arbeitsschritt wird den Schülern das Katalogisieren von Büchern zugetraut und zugemutet.

Ein weiteres Curriculumelement heißt »Bücher vorstellen«. Es durchzieht die verschiedensten Unterrichtsgebiete und -arten. Dies führt zu einem weiteren formalisierten Element: »Eine Lesemappe anlegen« – also seine Leseerlebnisse in eine Art eigenen Plan einordnen. Das Element »Lesen« durchläuft sämtliche vier Funktionsziel-Sektoren.

Was ich hier für die Unterrichtsfächer Mathematik und Deutsch – in Umrissen – getan habe, wäre für alle anderen Fächer auch zu leisten: ein Umdenken der Didaktik im Dienst der Bildung.

VI

Schluß

14

Alle Bildung ist politische Bildung: eine kontinuierliche, zugleich gestufte Einführung in die *polis*.

Für die alten Griechen hatte der für sich lebende Mensch keine Kultur. Polyphem war ein solcher und veranschaulicht beides, den Zustand und die Folgen. Auf seiner Insel ist er nicht der einzige Kyklop. Eigentlich lag es nahe, daß die dort lebenden einsamen Artgenossen sich zu einer Gemeinschaft zusammenfanden, und irgendwie müssen sie sich ja auch vermehrt und also gepaart haben. Bei Homer hören wir nichts davon – nur ein Lyriker stellt uns einmal den verliebten und in seiner Verliebtheit doppelt einsamen Polyphem vor. Für seine Hörer wäre freilich die Zeugungs-, Kinderaufzuchts- und zeitweilige Wirtschaftsgemeinschaft keine nennenswerte Gemeinschaft, keine *polis* gewesen. Zu dieser gehörten die Versammlung, die gemeinsame Regelung gemeinsamer Angelegenheiten, Geselligkeit, Gespräche, Gesetze, Feste, Gäste und die Achtung des Gastrechts. Das alles fehlt dem Polyphem. Er braucht es nicht. Er ist frei, aber er ist ein Barbar.

Es gab für die Griechen noch eine andere Form der Barbarei: Untertan sein, nicht freies, gleichberechtigtes Mitglied einer Gemeinschaft, sondern Partikel eines Kollektivs, zum Beispiel aller derer, die unter dem Großkönig von Persien lebten – üppiger zwar als die Griechen, in großen Städten und mit gewaltigen Manifestationen von Macht, Reichtum, Kunstfertigkeit, aber ohne *polis*. Das Riesenreich im Osten war als solches monströs – ohne

Sinn und Proportion. Das griechische Wort für (richtiges) Verhältnis heißt *logos* und ist zugleich das Wort für Wort/Sprache. Die jüdische Geschichte von Babel, seiner Maßlosigkeit und der anschließenden Sprachverwirrung scheint den Griechen Recht zu geben. – Jedenfalls hat die Weltgeschichte nie wieder beides, dieses Höchstmaß an Individualität und die Überzeugung, daß nur das Leben in der Gemeinschaft lebenswert sei, so eng und so selbstverständlich miteinander vereint wie in der athenischen *polis* des 5. Jahrhunderts vor Christus. Der Exzentriker Sokrates ist zugleich der diszipliniertste Bürger seiner Stadt.

Was für ein Volk die Kultur ist – das Leben nach bedachten und gewollten Prinzipien und das Schaffen der hierfür bekömmlichen Ordnungen –, ist für den einzelnen die Bildung. Sie ermöglicht ihm, in seiner *civitas* zu leben, sie weist ihm seine Aufgabe in ihr an. Ohne diese Notwendigkeit ist alles übrige, was unser Leben auch kultiviert erscheinen läßt, nur Zierat. Dies ist der tiefere Grund für meinen letzten Leitsatz: daß alle Bildung politische Bildung sei.

Andere, weniger »tiefe« Gründe gibt es auch, vollends in einem späten Zeitalter, dessen sämtliche Lebensmöglichkeiten auf den akkumulierten Leistungen voraufgegangener Generationen beruhen und dessen Menschlichkeit und Fortbestand von unseren gemeinsamen Anstrengungen und unserer gemeinsamen Zivilität abhängen. Vernunft, Verständigung, Verantwortung lauten die hier zu erfüllenden Gebote. In unserer Zivilisation werden sie durch Aufklärung und Wissenschaft, durch demokratische Politik und das Recht, durch das Ethos der Solidarität und die Pflicht zur Rechenschaft verwirklicht. Diese »Instrumente« sind uns nicht von Natur mitgegeben. Ihr Sinn und Gebrauch müssen gelernt werden – nicht in der Form einer Auskunft. Eine solche könnte uns ein Computer jederzeit geben, aber damit entsprächen wir ihrem Anspruch noch nicht. Wir müssen sie vielmehr erfahren, verstehen und einüben – und das geschieht in einem langen Prozeß: in den frühen Stadien durch die Wahrnehmung, daß diese Regel und jene Gewohnheit der Gemeinschaft auch mir dient, nicht nur den anderen; in einem mittleren Stadium durch Erkundung und Erklärung der Herkunft, der Varianten, der Alternativen, der Schwierigkeiten dieser Regeln und Gewohnheiten; in einem letzten Stadium durch beides, die Beteiligung am Ernstfall (der Wissenschaft, der politischen Entscheidung, der daraus folgenden Tat) und die philosophische Begründung oder Bezweiflung; und in allen Stadien durch die Lebensgemeinschaft als ganze: *It takes a village to raise a child.*

Verantwortung für die *polis* als Maßstab, Politik selbst als Anlaß für Bildung – beide habe ich oben behandelt – gehen hier in einem Prinzip auf, das einen eigenen Essay fordert: über »Politik« als die große Erfindung des Abendlandes zur immer neuen, beweglichen Herstellung von Frieden, Freiheit, Gerechtigkeit – des Spielraums für Kultur und des Gegenbildes zu Herrschaft.

Ich wiederhole hier Selbstverständliches – mit der besonderen Absicht: Mein Leser möge am Ende noch einmal die von mir gemeinte Bildung als den Vorgang des Sich-Bildens an ihrer schwierigsten Bewährung mitdenken – eben nicht als Aggregat von Kenntnissen, Fertigkeiten und Verhaltensformen, die das wohlwollende System uns zum Zwecke von X oder Y »beibringt«. Der Zweck sind wir selbst – als Bürger unserer *polis*, nicht als Kyklopen.

Es ist darum nicht nur erlaubt, es scheint geboten, daß der Autor am Ende dieses Essays selber noch einmal »politisch« wird:

Wenn heute das Wort Bildung fällt, geht es in der Regel um den Zustand und Zuschnitt unserer Schulen: Was und wieviel sollen sie welche Schüler lehren? Latein oder Computer? Kulturgüter oder Zukunftsprobleme? Etwas, das dem einzelnen, oder etwas, das der Gesellschaft nützlich ist? Getrennt oder gemeinsam? Mit oder gegen die neuen Medien? Kann eine Einrichtung »bilden«, deren Lehrer nicht gebildet sind; die von den bizarren Welten des Fernsehens umgeben ist; die für viele in Arbeitslosigkeit, Deklassierung, in der Szene (welcher auch immer!) mündet? Braucht man Gymnasien, um dem zu entrinnen? Was unterscheidet diese von anderen Schulen, wenn es um Bildung geht? Die Hochschulreife? Was ist das genau? Kann man sich auch in der beruflichen Ausbildung bilden – und schließt auch das die Hochschulreife ein? Tun und zahlen wir genug für die Bildung unserer Kinder? Können wir trotz der Armut des Staates gute Schulen haben? – Harte und wichtige Fragen (von Gebildeten eben!) und andere als die der Bildungsbeamten und -politiker. Die streiten sich, ob die Schule zwölf oder dreizehn Jahre dauern soll; ob es eine Belegpflicht für drei oder vier oder fünf Fächer bis zum Abitur geben muß; ob alle Leistungen der letzten drei Jahre in der abschließenden Durchschnittsnote gewertet werden und dergleichen mehr.

Denen, die die ersten Fragen fragen und denen ich also Antworten schuldig geblieben bin, weil ich mir ein anderes Thema vorgenommen habe, möchte ich wenigstens dies sagen:

– Solange ihr Bildung mit Laufbahn oder mit sozialpädagogischer Aufbewahrung oder mit der Sicherung des jeweiligen Industriestandortes verwechselt,

– solange ihr nicht seht, daß ihr von euren Bildungsanstalten Unmögliches verlangt: im Gestückelten den Zusammenhang, in der Abhängigkeit den Umgang mit der Freiheit, ohne Erfahrung den richtigen Gebrauch der Theorie, ohne gesellschaftliche Aufgabe gesellschaftliche Verantwortung zu lehren,

– solange ihr (vor allem sofern ihr Eltern seid) nicht wahrnehmt, was das Schulsystem euren Kindern antut: mit der ständigen Benotung, mit funktionalisierten und überlasteten Lehrern, mit der Fiktion der homogenen Klasse, mit der Dreigliedrigkeit (sprich, der Behauptung, diese werde der Verschiedenheit der Kinder gerecht) statt einer Dreihundertgliedrigkeit oder Dreitausendgliedrigkeit, mit dem 45-Minuten-Takt, mit den großen Lerngruppen und ihren notwendig kollektiven Verfahren, solange ihr das nicht wahrnehmt, ist die Krise noch nicht weit genug fortgeschritten.

Ihr werdet nicht nur in weitere Mittelbeschneidungen einwilligen, ihr werdet auch nicht merken, daß eure Kinder selbst dann noch die falsche »Bildung« bekommen, wenn die Beschränkungen aufgehoben werden, ja, ihr werdet vermutlich auch mit den aufgezählten unpädagogischen und bildungswidrigen Maßnahmen zufrieden sein, wenn sie nur funktionieren.

Bildung ist nicht nur wichtiger als der Jäger 90, die Schwebebahn und der Ausbau des Autobahnnetzes, sie ist auch wichtiger als die uns gewohnte Veranstaltung Schule. Dafür, daß man dies erkenne und besser verstehe, habe ich dieses Buch geschrieben.